숫타니파타 마음공부

김성옥 지음

복잡한 마음이 홀가분해지는 부처의 지혜

숫타니파타
마음공부

일러두기

1. 팔리어를 소리나는 대로 표기하면 된소리를 살려 《숫따니빠따》로 표기되는 것이 옳겠지만, 우리에게 익숙한 점을 고려하여 《숫타니파타》를 따르기로 하였다. 팔리어 인명과 경전명도 이에 준하여 통일하였다.
2. 팔리어 원문의 대조는 Pāli Text Society의 《숫타니파타》 1913년 판본(reprinted 1997)을 사용하였다.
3. 괄호 속에 제시된 원어들은 모두 팔리어(Pāli)를 표기한 것이다. 산스크리트어가 익숙한 경우에는 산스크리트어임을 밝히고 괄호 속에 넣었다.
4. 성불 이전의 부처님을 구분해 강조하고자 할 때, 이 책에서는 '고타마 싯다르타'라는 부처님의 본래 이름을 사용하였다.
5. 경전 이름, 단행본, 정기간행물은 《 》, 경전 속 각 장과 품의 이름, 영화, TV 프로그램, 그림은 〈 〉으로 묶었다.

여는 글

어떻게 고통에서 벗어나
홀가분해질까

"이 세상의 모든 것은 괴로움이다."

지금처럼 고단한 시대에는 이 오래된 진리가 오히려 위안처럼 느껴지기도 합니다. 저는 대학에서 불교 관련 교양 수업을 담당하고 있습니다. 강의를 시작했던 십 년 전만 해도 '모든 것은 괴로움'이라는 의미의 '일체개고(一切皆苦)'를 학생들에게 가르치는 일이 결코 쉽지 않았습니다.

대학에 갓 입학한 스무 살 남짓의 반짝이는 눈빛을 가진 학생들에게 "삶이란 본질적으로 괴로움이다"라고 설명하자니 마음이 무거웠습니다. 마치 학생들과 제 사이에 보이지 않는 장벽이 세워진 듯했고, 저 자신이 그 벽 너머에서 빛바랜 유물이 된 것 같은 느낌이었습니다.

요즘에는 일체개고를 설명하면 학생들이 고개를 끄덕입니다. 사회 전반의 고통 체감도가 높아진 사실을 금방 알아차릴 수 있습니다. 불교가 괴로움의 원인을 밝히고 이를 소멸하는 방법을 담은 부처님의 가르침이라고 하면, 학생들은 귀를 쫑긋 세웁니다. 어떤 해답이 나올지 진심으로 궁금해 하는 모습입니다.

젊은 청년뿐 아니라 중년층과 노년층, 심지어 십 대들까지도 각자의 괴로움을 호소하고 있습니다. 우리 사회 구성원 상당수가 불안과 우울로 고통받습니다. 이런 문제들을 해결하려면 이제 모두가 함께 나서야 할 시점인 것 같습니다.

우리는 어려움에 처한 이들에게 흔히 "마음을 바꿔라"라고 말합니다. 마음이 모든 것을 만들어 낸다고 하며 말이지요. 맞는 말입니다. 그렇지만 단순히 마음가짐만 바꾼다고 세상살이의 어려움이 모두 사라지진 않습니다. 우리 사회 전반적인 제도와 경제구조도 함께 변해야 합니다. 우리 사회가 더 나아지도록 함께 노력하고 실천해야 합니다.

그러나 아무리 사회제도와 경제구조가 바뀌어도 개인의 마음이 변하지 않으면 인간의 삶이 지닌 문제는 해결되지 않습니다. 그래서 마음의 근본적 변화를 이야기해야만 합니다. 진정한 변화는 외부 세계와 내면 세계가 함께 변할 때 이루어집니다. 수레가 두 바퀴로 굴러가듯, 새가 두 날개로 날듯, 외부와 내면의 균형 잡힌 변화가 필요합니다.

현대인의 삶은 욕망과 깊이 얽혀 있습니다. 소유욕, 사랑받고 싶은 마음, 남보다 뛰어나고 싶은 욕구 등에서 자유롭지 못합니다. 이런 현실에서 현대인의 욕망 문제를 정면으로 다루지 않고 단순히 과거의 교리만 반복한다면, 불교는 현대인의 삶과 괴리된 박물관 속 유물로 남을 뿐입니다. 오늘날의 사람들이 실제로 겪는 고민과 연결되지 않는 가르침은 아무리 위대해도 공감을 얻기 어렵기 때문입니다.

불교에서는 "욕망을 버려라"라고 말합니다. 그런데 정말 부처님께서 욕망을 완전히 버리라고만 하셨을까요? 오히려 욕망을 조화롭게 다루는 방법을 가르치신 것은 아닐까요? 우선 왜 욕망을 버려야 한다고 이야기하는지부터 살펴봐야 합니다. 이유는 간단합니다. 내 마음이 괴롭기 때문입니다.

욕망하는 삶은 진정한 만족과 행복을 가져다주지 못합니다. 대신 피로와 허탈감만 남깁니다. 더 많이 쫓을수록 갈증은 깊어지고 끝없이 목말라하게 됩니다. 소유와 성공을 욕망하는 우리의 삶 자체가 문제일 수는 없습니다. 인간은 본래 욕망하는 존재입니다. 욕망은 열심히 살아가야 할 이유와 삶의 원동력이 됩니다.

다만 그것이 지나칠 때는 언제나 문제가 생깁니다. 자신을 해치고 타인과 갈등하게 만들지요. 욕망 없이 살 수는 없지만, 마음껏 욕망만 추구한다고 해서 진정한 행복을 얻을 수는 없습니다. 자신의 욕망을 추구하되 지나치지 않는 균형, 그 조화로운 마음이 절실히 필요합니다.

여기에서 부처님의 가르침을 조화롭고 균형 잡힌 시각, 즉 '중도(中道)'의 관점에서 살펴볼 필요가 있습니다. 중도는 어느 극단에도 치우치지 않은 상태를 말합니다. 그저 적당히 물러선 지점이나 딱 중간 지점을 말하는 것이 아닙니다. 가장 적합하다는 의미에서 바른 길(正道, 정도)을 뜻합니다. 각 상황에 가장 알맞은 것, 그것이 중도의 지혜가 제시하는 바른 길입니다.

이런 맥락에서 부처님의 가장 오래된 가르침들을 모은 경전인 《숫타니파타》를 오늘날 우리에게 필요한 조화롭고 균형 잡힌 지혜에 초점을 맞추어 살펴보고자 합니다.

1장의 "나는 왜 불안한가"는 우리 시대의 문제를 불안으로 특징짓고, 불안의 원인을 진단하는 것에서 출발합니다. 현대

사회에서 끊임없이 커지는 불안감의 뿌리를 탐색하고, 이 불안이 어떻게 우리의 일상과 삶의 질에 영향을 미치는지 살펴봅니다. 이를 통해 불안이라는 고통에서 벗어나는 첫걸음을 내딛게 합니다.

2장의 "함부로 인연 맺고 휘둘리지 마라"는 우리가 가장 큰 고통을 겪게 되는 인간관계의 문제를 다룹니다. 관계의 문제에서 벗어나 원만한 관계를 맺기 위한 해결책을 불교의 관점에서 제시합니다.

3장인 "마음을 쓰는 데 치우침이 없는가"는 내 마음의 욕망을 성찰하고, 탐욕·분노·어리석음에서 벗어나 평온한 마음에 머무는 길을 살펴봅니다. 일상의 작은 순간에서 마음의 평정을 유지하는 실천적 지혜를 얻게 될 것입니다.

4장의 "내 인생의 주인은 누구인가"는 불교 가르침의 핵심인 무아(無我) 개념을 현대적 시각으로 풀어냅니다. 추상적인 철학 논의보다는 일상에서 실천할 수 있는 지혜로 접근했습니다. 자기중심성에서 벗어나 모든 존재와의 연결성을 인식하는 여정을 그립니다. 흥미롭게도, 고정된 자아라는 생각을 내려놓을 때 더 깊은 자유와 평화를 찾게 된다는 역설적 진리를 오늘날의 삶에 맞게 해석합니다.

5장인 "살고 죽는 일에 휘둘리지 마라"는 인간의 숙명인 죽음의 문제를 다룹니다. 어떻게 죽음을 맞이해야 하는지, 왜 죽음을 기억해야 하는지에 관한 이야기를 담았습니다. 삶과 죽음을 분리된 것이 아닌 하나의 연속된 흐름으로 바라보는 불교적 관점이 우리에게 주는 위안과 통찰을 살펴봅니다.

6장의 "마음이 가벼우면 어디서든 행복하다"는 부처님 가르침의 궁극적인 목적지가 저세상의 피안(彼岸)이 아닌, 우리가 살아가는 이 세상의 행복임을 전하고자 했습니다. 여기서 피안은 괴로움과 번뇌의 강을 건너 도달하는 해탈의 세계를 뜻합니다.

부처님이 말씀하신 평온한 마음은 출가 수행자만의 전유물이 아닙니다. 일상에서 살아가는 우리 모두에게 필요한 가치입니다. 이 평온함은 어느 한쪽으로도 치우치지 않는다는 점에서 중도(中道)의 지혜와 맞닿아 있습니다.

중도는 우리가 자신의 욕망을 있는 그대로 관찰하고, 다른 이들과 조화롭게 살아가는 균형 잡힌 시각을 선물합니다. 절제된 삶과 조화로운 관계를 통해 마음의 평화를 찾는 길을 보여 줍니다. 만약 불안정한 삶 속에서 기댈 언덕이 필요하다면, 《숫타니파타》에서 그 이정표를 찾아보길 권합니다.

행복한 삶을 원한다면 행복의 씨앗을 찾아 키워야 합니다.

고통을 피하고 싶다면 고통의 원인을 찾아 제거해야 합니다. 무엇을 취하고 무엇을 버릴지 지혜롭게 판단할 수 있다면, 우리는 조금 더 나은 세상에서 살 수 있지 않을까요?

　어쭙잖은 저의 이야기가 《숫타니파타》의 깊은 지혜를 가리지 않았기를 바랍니다. 모쪼록 부처님의 말씀이 무사히 여러분의 마음에 온전히 닿기를 진심으로 기원합니다.

김성옥

◦ 《숫타니파타》는 어떤 경전인가 ◦

《숫타니파타》는 대표적인 초기 불교 경전 가운데 하나입니다. 부처님 가르침의 핵심만을 가려 담아 놓았습니다. 부처님과 나누었던 소박한 대화, 부처님께 드렸던 질문과 그에 대한 답변이 시의 형태를 띤 간결한 게송(偈頌)의 형태로 실려 있습니다.

교학적으로 어려운 불교 용어는 거의 등장하지 않습니다. 알기 쉬운 말로 제자들과 대중을 바른길로 인도하려는 스승의 마음이 온전하게 전해집니다. 가르침을 주게 된 일화나 사건의 맥락들을 통해 당시 인도 사회와 불교 승단의 풍경도 엿볼 수 있습니다.

경전 성립사의 관점에서 볼 때, 《숫타니파타》는 가장 오래된 경전 가운데 하나일 것으로 추정합니다. 부처님이 실제로 어떤 말씀을 하셨을지 궁금하다면, 부처님의 생생한 목소리가 원형 그대로 담겨 있는 《숫타니파타》부터 펼쳐 보기를 권합니다. 간결하고 소박한 부처님 말씀의 진수를 맛볼 수 있을 것입니다.

한 구절 한 구절마다 풍부하게 빛나는 상징과 비유는 경전 읽는 이의 마음에 종소리처럼 울려 퍼지며 은은한 여운을 남겨 줄 것입니다.

──
경전의 이름과 구성

《숫타니파타》라는 경전의 이름은 '숫타(sutta)'와 '니파타(nipāta)'의 합성어입니다. 숫타는 경전(經)이라는 뜻이고, 니파타는 모음(集)이라는 뜻이니 '여러 경전을 모은 것'이라는 의미가 됩니다. 하나의 경전마다 게송이나 짧은 산문이 실려 있으며, 이러한 경전 72개가 모여 《숫타니파타》를 구성합니다. 전체 게송의 수는 모두 1,149개에 달합니다.

천여 개가 넘는 게송들을 한데 묶는 일에는 약간의 규칙이 필요했습니다. 내용과 형식에 따라 유사한 게송들을 묶어 하나의 경전으로 구분하고, 이들 경전을 다시 비슷한 범주별로 모아 다섯 개의 장(章, vagga)으로 구분했습니다. 바로 〈뱀의 장〉, 〈작은 장〉, 〈큰 장〉, 〈여덟 게송의 장〉, 〈피안으로 가는 길의 장〉이 그것입니다.

이 다섯 장이 처음부터 함께 성립된 것은 아니며, 각각 독립적으로 유통되다가 어느 시점에 《숫타니파타》라는 이름 아래 하나로 결집되었을 것으로 추정됩니다.

게송 여덟 편으로 이루어진 것들을 모아 〈여덟 게송의 장〉이 되었고, 피안으로 가는 길에 관한 내용들을 묶어 〈피안으로 가는 길의 장〉이 되었습니다. 이 두 장은 《숫타니파타》가운데서도 최고층(最古層)에 속한다고 여겨집니다. 반면, 나머지 장들은 이름이나 구성면에서 이렇다 할 특징을 갖추고 있지는 않습니다.

―
경전이 만들어진 시기

부처님께서 열반하신 지 50년이 채 되지 않아 제자들은 부처님 말씀이 흩어지지 않도록 한곳에 모으는 일에 착수하니다. 부처님의 십대제자 가운데 한 사람인 마하카사파를 중심으로 500여 명의 비구가 한데 모여 처음으로 경전을 편찬하였는데, 이것을 1차 결집이라 합니다. 《숫타니파타》는 바로 이때 성립되었습니다.

경전의 결집은 승가 공동체의 일원이 모두 참여하는 집단적인 작업이었습니다. 어느 날, 어느 곳에서 있었던 부처님 말씀이 누군가의 기억을 통해 암송되면, 승가 공동체 전체가 그 사실을 인정해야만 경전으로 승인받았습니다. 경전의 결집은 모두 네 차례에 걸쳐 진행되었고, 그 가운데 3차 결집에서는 경장·율장·논장을 고루 갖춘 삼장(三藏)의 구성이 마무리됩니다.

3차 결집의 대업을 이룬 아쇼카 왕(인도를 처음으로 통일한 왕으로, 고대 아시아 전역에 불교를 전파하는 데 중요한 역할을 한 인물)은 아들 마힌다를 스리랑카로 보내 불교를 전파하도록 했습니다. 스리랑카에 전해진 불교는 그 뒤로 미얀마와 태국 등 동남 아시아의 여러 지역으로 다시 퍼져 나가 남방불교를 형성하게 되었고, 오늘날까지도 초기 불교의 전통을 비교적 충실하게 유지해 오고 있는 것으로 평가받고 있습니다.

팔리어 경전이란 무엇인가

불교 경전의 형태가 처음부터 문자로 정착되었던 것은 아니었습니다. 부처님의 가르침은 입에서 입으로 전하는 구전 방식에 따라 전해졌습니다. 문자의 형태로 정착된 것은 아쇼카 왕의 집권 이후로 추정하고 있습니다.

그렇다면 부처님은 어떤 언어로 가르침을 설하셨을까요? 부처님의 주요 활동 지역이 갠지스강 유역의 마가다국이었으니 아마도 그 지역에서 사용되던 언어였을 것으로 보입니다. 그러나 유감스럽게도 그 언어의 구체적인 형태는 남아 있지 않습니다. 인도 전역으로 퍼져 나간 부처님의 가르침은 해당 지역에서 사용하는 방언의 형태로 전승되었습니다. 오늘날 우리는 이를 '팔리어(Pāli)'라고 부릅니다.

팔리어는 특정 지역의 언어를 가리키는 것이 아닙니다. 팔리어로 된 고유 문자가 따로 있는 것도 아니어서 구전 방식으로 전승되다가 각 나라의 문자로 기록되었습니다. 인도의 성전을 기록하기 위해 문법적으로 체계화된 표준어인 산스크리트어와 달리, 팔리어는 당시 지역에서 실제로 사용되던 지역 방언으로 이해하면 됩니다.

아쇼카 왕 시절 이룩된 불교적 대업의 성취는 시간이 지나면

서 인도 내에서는 점차 그 힘이 약화되어 갔습니다. 반면 스리
랑카에서는 경·율·논 삼장을 팔리어로 전승하는 체계가 확립
되어 보수적으로 유지되고 있었습니다.

5세기 무렵의 불교학자인 붓다고사는 그것들을 수집하여 집
대성하고 방대한 분량의 주석서를 완성합니다. 이것이 오늘날
까지 전해지는 팔리어 원전의 기원이 됩니다. 팔리어 경전만
이 가장 이른 시기에 성립된 최초의 경전이라고 단언할 수는
없지만, 비교적 이른 시기에 성립되어 부처님의 말씀을 원형
그대로 전해 주고 있다는 점에는 의문의 여지가 없습니다.

─

경전의 위상과 특징

팔리어로 된 경전들의 모음, 즉 경장은 다섯 개의 '니카야
(nikāya)'로 이루어져 있습니다. 니카야란 부처님의 가르침을
체계적으로 분류해 엮은 경전 모음집을 말합니다. 경전의 길
이가 긴 것은《디가니카야》, 중간 길이의 것은《맛지마니카
야》, 숫자별로 경전을 모은 것은《앙굿타라니카야》, 주제별로
경전을 모은 것은《상윳타니카야》로 구분됩니다.

이 네 가지 분류 어디에도 속하지 않는 열다섯 개의 경전을

따로 모아 《쿳다카니카야》로 묶었으며, 바로 여기에 《숫타니파타》가 실려 있습니다.

초기 경전의 여러 니카야는 분량이 방대하고 반복적인 구문의 나열이 많아 읽어나가는 데 다소 지루하게 느껴질 수 있습니다. 반면, 《숫타니파타》는 짧고 간결합니다. 시의 형식으로 담긴 구절들은 선명하고 명확한 메시지를 담고 있습니다.

간혹 《숫타니파타》에는 경전 속에 등장하는 인물들의 일화가 산문의 형식으로 실려 있는 경우도 있습니다. 그것들을 꼼꼼히 살펴보면 각기 다른 색깔의 이야기들을 주워 담는 즐거움이 있습니다. 불교가 막 싹트던 무렵의 인도 사회 풍경을 짐작할 수 있고, 초기 불교 수행자들의 고민도 엿볼 수 있습니다. 그들이 제기하는 질문의 맥락 속에서 부처의 말씀은 더욱 생생한 구체성을 띠고 있습니다.

이 점에서 게송만으로 구성된 《법구경(담마파다)》과는 뚜렷하게 구별됩니다. 한마디로 《숫타니파타》는 '짧고 색깔 있는 이야기가 가득 찬 경전'이라고 말할 수 있습니다.

—
경전의 내용

《숫타니파타》는 어떻게 수행해야 윤회의 고통에서 벗어나 해탈에 이를 수 있는지에 관한 설명이 중심을 이룹니다. 다분히 출가 수행자를 대상으로 하신 말씀들로 보입니다. 홀로 있는 고요함을 즐기는 은둔자의 삶, 해탈을 이루기 위한 엄격한 자기 단속과 수행의 필요성, 청정한 계율을 지킴으로써 얻게 되는 평온한 마음 등을 자세하게 다룹니다.

"모든 욕망을 버려라", "부지런히 정진하라"라는 말씀이 반복적으로 강조됩니다. 그 가운데에서도 "어떤 견해에도 집착해서는 안 된다", "그것이 진리라고 할지라도 그것에 얽매여서는 안 된다"라고 말씀하시는 대목들은 매우 중요한 지점입니다. 해탈을 추구하는 마음 안에 '이것이 옳다'라는 생각, '이것만이 청정하다'라는 생각은 오히려 장애가 될 수 있다는 뜻입니다. 깨달음을 추구하되 어디에도 집착하지 않는 것! 그야말로 아슬아슬하면서도 미묘한 긴장감이 느껴집니다.

재가자(세속을 떠나지 않고 불교를 믿고 따르는 신자)를 대상으로 하신 말씀도 전해집니다. 왕, 브라만, 학인 등을 대상으로 하신 설법들이 그것입니다. 출가자에게는 "재가자의 삶은 얽매임이고 먼지가 쌓이는 곳"이라 말씀하시며 집을 떠나 유행(遊

行)하는 삶을 권하긴 했지만, 세속에 머무는 재가자들에게는 그들의 삶에 맞는 가르침을 주셨습니다.

　그들은 집에 머물러 부모를 봉양하고 아내와 자식을 잘 돌보아야 하므로 바른 직업에 종사하며 부지런히 살아야 한다고 말씀하셨습니다. 또한, 불살생(不殺生)의 계율과 관련하여 가족의 생계를 위해 농업이나 목축에 종사하는 이들은 살아 있는 생명을 죽이는 일을 피할 수 없습니다. 그런 경우 부처님은 "함부로 살생해서는 안 된다"라는 방식으로 바꾸어 말씀하셨습니다. 이는 우리가 부닥치는 일상적 문제와 관련해 부처님께서 합리적인 해결책을 제시하셨음을 보여 줍니다.

　출가자든 재가자든 부처님 말씀의 궁극적인 목적은 '괴로움을 없애는 것'에 있습니다. 내 안의 탐욕, 분노, 어리석음을 버리고 평온한 마음에 이르는 길을 가르쳐 주신 것입니다.

　"어떻게 해야 평온함 마음에 이를 수 있을까?" 이 질문에 대한 지혜로운 답들이 《숫타니파타》에 빼곡하게 담겨 있습니다. "올바른 행동과 말과 생각으로 도덕적인 삶을 살아갈 것", "과거에도 미래에도 집착하지 말고 현재의 이 순간에 깨어 있을 것", "다른 생명을 해치지 말고 자애로운 마음으로 살아갈 것", "자신을 다스리는 마음의 주인으로 살아갈 것" 등등 우리를 이끄는 부처님의 따뜻한 가르침이 눈앞에 생생하게 펼쳐집니다.

경전의 번역

《숫타니파타》는 한역 대장경에 실려 있지 않습니다. 일부분만이 《불설의족경》에 남아 있습니다. 우리의 불교 전통 속에서 《숫타니파타》는 거의 영향력을 남기지 않았다고 볼 수 있습니다. 하지만 남방불교 국가에서는 《숫타니파타》에 들어 있는 〈자애의 경〉, 〈큰 축복의 경〉 등을 예불문으로 독송하고 있으며, 결혼식과 같은 가정사의 중요한 행사에서도 빠짐없이 암송한다고 합니다.

이러한 팔리어 경전의 중요성을 알아본 사람들은 유럽인이었습니다. 그들은 근대 이후 동양에 진출하면서 인도는 물론 스리랑카, 미얀마, 태국 등에 널리 유통되는 팔리어 경전에 주목하게 됩니다. 그리고 그것들을 수집하여 번역하고 학문적으로 연구하는 일에 착수합니다.

《숫타니파타》는 1880년에 이미 덴마크의 불교학자 파우스뷜에 의해 영어로 번역되었고, 1910년에는 독일의 불교학자인 노이만에 의해 독일어로 번역되었습니다. 1881년부터는 빨리성전협회(Pāli Text Society)를 조직하여 팔리어 성전을 로마자로 출판하고 번역하는 작업이 활기차게 이루어졌습니다.

서양의 팔리어 성전 연구에 힘입어 일본에서도 팔리어 경전을 연구하기 시작했습니다. 메이지 시대 이후 유럽에 유학 중이던 일본의 불교학자들은 팔리어 경전을 한역 경전과 비교하는 연구에 탁월한 능력을 발휘했습니다. 그들은 중요한 팔리어 성전들을 모아 《남전대장경》이라는 이름으로 집대성했습니다. 팔리어로 된 《숫타니파타》가 일본에 알려지게 된 것도 물론입니다.

국내에서는 1991년 법정 스님이 일본어 번역본을 우리말로 옮기며 《숫타니파타》를 처음 소개하였습니다. 법정 스님의 번역은 군더더기 없는 진실한 말들이 아름다운 문체로 표현되어 더욱 빛나는 작품으로 평가받고 있습니다.

그 뒤로 이기영 박사와 석지현 스님을 비롯한 여러 연구자가 다양한 번역을 선보였으며, 2004년 이후에는 기존의 일본어나 영어를 거친 번역이 아닌, 팔리어 원전에서 직접 번역한 《숫타니파타》가 출간되기 시작했습니다.

부처님의 말씀을 보다 생생하게 접하고자 하는 소망에서 비롯된 이러한 노력은 한국 불교학계에서도 중요한 의미를 지닙니다. 대표적으로 전재성 선생님과 일아 스님의 번역본이 있으며, 현재는 원문의 의미를 명확하게 전달하는 동시에 게송이 지닌 운율과 형식을 우리말로도 담아내기 위한 노력이 계속되고 있습니다.

　이처럼 숫타니파타는 시대와 지역을 넘어서며 다양한 방식
으로 연구되고 번역되어 왔습니다. 초기 불교의 가르침을 간
결한 게송 형태로 담고 있어 접근성이 높고 그 메시지가 명확
하기 때문에, 오늘날까지도 많은 이에게 깊은 울림을 주고 있
습니다.

　이러한 흐름 속에서 숫타니파타는 단순한 불교 경전을 넘어,
삶의 본질을 성찰하고 실천적인 가르침을 찾고자 하는 이들에
게 귀중한 길잡이가 되어 주고 있습니다. 초기 불교의 정수를
담은 이 경전이 앞으로도 널리 읽히고 연구되기를 바라며, 그
속에 담긴 깊은 지혜가 현대인들에게도 유의미한 깨달음으로
다가가기를 기대해 봅니다.

목
차

1장

"나는
왜
불안한가"

●

**인생의 번뇌에서
벗어나는 지혜**

4장

"내 인생의 주인은 누구인가"

● 마음의 주인이 되는 법

5장

"살고 죽는 일에 휘둘리지 마라"

● 생사의 바다를 현명하게 건너는 법

6장

"마음이 가벼우면 어디서든 행복하다"

●

홀가분하고
행복한 삶의 길

1장

"나는 왜 불안한가"

인생의 번뇌에서 벗어나는 지혜

불안의 소용돌이를 건너는 법

누가 이 세상에서 거센 물살을 건넙니까?
누가 이 세상에서 바다를 건넙니까?
바닥이 없고 의지할 것 없는 깊은 곳에서
누가 가라앉지 않습니까?

〈헤마바타의 경〉 173

　우리 시대의 특징을 한마디로 말한다면 '불안'입니다. 젊은 사람이든 나이 든 사람이든, 나이와 상관없이 모두가 불안에 잠식당한 얼굴로 살아갑니다. 끝없는 경쟁 속에서 지쳐 버렸고, 몸과 마음이 보내는 위험 신호는 오래전부터 깜박이고 있지만 그렇다고 멈출 수도 없습니다.

　쉼 없이 달려온 사람들은 번아웃 증상을 호소합니다. 과중한 업무에 시달리는 직장인뿐 아니라 학생, 가정주부까지 예외가 없습니다. 안팎으로 오는 과도한 기대에 시달리며 스스로를 혹사하다가 어느새 자가 치유력의 한계선을 넘어섰기 때문입니다.

대한민국은 '자살률 1위'라는 오명을 벗지 못하고 있습니다. 2023년 한국의 자살률은 인구 10만 명당 27.3명으로, OECD 평균(11.1명)을 두 배 이상 초과합니다. 노인뿐만 아니라 초·중·고 학생과 20대 여성의 자살률 증가는 가히 충격적입니다. 자살에 이르기까지 각각의 사연은 다르겠지만, 사회적 진단과 집단적 해법을 모색하는 일이 필요해 보입니다.

'헬 조선'이라는 말이 과하다고 여겼던 시절도 잠시, 대한민국 젊은이들은 청년실업과 불안한 노동으로 고통받고 있습니다. 주거 문제도 해결되지 않고, 결혼과 출산은 엄청난 결심이 필요합니다. 이로 인해 출산율 0.72명(2023년 통계청 인구동향조사 출생·사망통계 자료) 출상 이라는 세계 최저 수준에 도달하며 인구절벽 위기에 처했습니다. 눈부신 경제성장을 이뤄왔던 한국 사회가 가정을 꾸리고 아이를 낳는 기본적인 일상조차 허락하지 못하는 세상을 가져왔다니, 도저히 믿기지 않는 현실입니다.

누구나 좋은 대학에 가야 하고, 좋은 직장에 가야만 행복할 수 있다고 믿는 세상이 되었습니다. 이 모든 것을 얻기 위해 초등학교에 입학하는 순간부터 달리기 자세를 취해야 합니다. 중장년층은 좋은 아파트와 자동차가 나의 행복을 담보할 수 있다고 믿습니다. 성공과 명예를 위해 눈코 뜰 새 없이 줄달음치기에, '지금 나는 내 인생의 어디쯤을 가고 있나'라며 스스로를 돌아볼 시간이 없습니다.

노년층은 평생 일하고도 안정된 노후를 장담하기 어렵습니다. 〈국민 삶의 질 2023 보고서〉에 따르면, 한국인의 삶의 만족도는 10점 만점에 6.5점으로 OECD 38개국 중 35위입니다. 연령이 높아질수록 만족도가 하락하는 경향을 보이며, 노년의 삶이 길어질수록 불안과 걱정의 시간도 길어집니다. 경제적 빈곤과 외로움 속에 던져지고, 경제적 여유가 있더라도 소일 거리가 없는 삶은 무료하기 짝이 없습니다. 건강하고 행복한 노년이 인생 최대 숙제가 되었습니다.

필자는 어느덧 50대의 끝자락에 서 있습니다. 공자는 오십을 지천명(知天命)이라 했지만, 하늘의 뜻은커녕 내 마음조차 알 수 없는 날들이 계속됩니다. 일찍이 경험해 보지 못한 낯선 감정들, 깊은 곳에서 밀려오는 불안, 내 뜻대로 움직이지 않는 몸과 마음에서 느끼는 무력감….

그러다 문득 '남은 시간이 많지 않구나, 서둘러야겠다'라는 조급함에 휩싸이지만, 정작 무엇을 해야 할지는 막막하기만 합니다. 한곳에 마음을 온전히 두지 못한 채 뒤엉킨 생각들 속에서 불면의 밤을 보내는 날이 많아집니다.

—

괴로움에서 벗어나는 첫 걸음

"잠 못 드는 사람에게 밤은 길듯이,

피곤한 나그네에게 길은 멀 듯이,

진리를 모르는 어리석은 사람에겐

생사의 윤회는 끝이 없어라."

《숫타니파타》와 함께 대표적인 초기 경전으로 알려진《법구경》의 한 구절입니다. 다른 구절을 모두 두고 이 구절에 마음이 쏠리는 것은 저 혼자만의 일은 아닐 겁니다. 갑자기 부처님께 "부처님, 어떻게 하면 이 세상을 무사히 건너갈 수 있습니까"라고 묻고 싶어집니다.

히말라야 설산에 살고 있던 야차 헤마바타도 그랬었나 봅니다. 초기 경전에는 부처님의 설법을 듣기 위해 찾아오는 야차들의 이야기가 종종 등장합니다. 야차는 인도 신화와 불교 문헌에서 약샤(yakṣa)라고 부르는 귀신이나 정령 등을 의미하는데, 우리에게는 야차(夜叉)라는 한자어가 익숙합니다. 인간의 무리에 속하지 않는 이들은 인간보다 큰 힘을 가진 까닭에, 그 힘으로 인간을 돕기도 하고 해치기도 한답니다.

《숫타니파타》에서 야차 헤마바타는 세상 사람들은 무슨 이유로 괴로워하는지, 어떻게 괴로움에서 벗어나는지를 부처님께 질문하고 있습니다. 그리고 다시 묻습니다.

"누가 이 세상에서 홍수를 건넙니까? 누가 이 세상에서 바다를 건넙니까?"

이에 대해 부처님은 다음과 같이 말합니다.

"항상 계율을 지키고 지혜가 있고 마음을 고요하게 하는 사람, 안으로 살피고 마음챙김에 머무는 사람, 그런 사람만이 건너기 어려운 홍수를 건널 수 있다."

《숫타니파타》, 〈헤마바타의 경〉 174

"감각적 쾌락의 상념을 떠나 모든 속박에서 벗어나고, 존재에 대한 욕망을 제거한 사람, 그런 사람만이 깊은 곳에 가라앉지 않는다."

《숫타니파타》, 〈헤마바타의 경〉 175

이 책의 결론이 첫 장부터 나와 버렸네요. 이 말씀들은 《숫타니파타》에서 반복해서 등장합니다. 알기는 쉽지만 실행에 옮기기는 어렵기에 부처님께서 거듭 말씀하시는 것이겠지요.

먼저 왜 그래야 하는지를 이치상으로 이해하는 것이 중요합니다. 이치를 알면 받아들이기가 훨씬 수월해집니다. 경전을 읽는 일은 곧 부처님의 가르침을 배우는 과정이라 할 수 있습니다.

배움에서 끝나서는 안 됩니다. 그다음에는 작은 것이라도 실천해 보아야 합니다. 내 몸과 마음에 하나씩 익도록 말입니다. 시간이 오래 걸릴 수 있습니다. 하지만 내 몸과 마음에 익은 습관은 잘 사라지지 않는 법입니다. 실행에 옮기지 않는다면 아무리 이치를 따져 보아도 소용이 없습니다.

혹시 불안한 마음으로 잠 못 들고 있다면 몸과 마음이 보내는 위험 신호를 무시하지 마세요. 남은 인생을 살아가는 데 필요한 양식들을 준비하라는 신호입니다. 내 몸과 마음을 쉬게 하고 불안의 소용돌이를 건너는 법, 더 늦기 전에 지금부터라도 찾아 나서야 합니다.

"바닥이 없고 의지할 것 없는 깊은 곳에서

누가 가라앉지 않습니까?"

"바닥이 없고 의지할 것 없는 깊은 곳에서

누가 가라앉지 않습니까?"

삶은 그야말로
괴로움의 바다이다

괴로움을 모르고
괴로움의 원인을 모르며,
괴로움의 남김 없는 소멸을 모르고
괴로움의 소멸에 이끄는 길도 모르는 사람들.

〈두 가지 관찰의 경〉 724

최근 들어 우울증은 '마음의 감기'로 불릴 정도로 흔한 일이
되었습니다. 몸에 병이 생기면 병원을 찾듯 불안이나 우울 증
세로 병원을 찾는 사람들이 많습니다.

제가 근무하는 대학에서 처음 수업을 시작할 때만 해도 자신
이 공황장애를 앓고 있으며 혹시 수업 중간에 밖으로 나가더
라도 양해해 달라고 말하는 학생이 한 학기에 한 명 정도 있었
습니다. 지금은 그 수가 상당히 늘어서 한 반에 한두 명이 비
슷한 증상을 앓고 있다고 조용히 다가와서 말합니다.

이제 막 대학에 들어온 스무 살 학생들이 겪고 있는 심리적
고통은 우리의 생각보다 위태로운 수준입니다. 이들과 유사한

심리적 고통이 30·40대의 중년층, 60·70대의 노년층을 막론하고 우리 사회 전반에서 나타나고 있습니다.

전문가들은 불안한 느낌이 나타나는 것은 정상적인 현상이라고 말합니다. 불안 그 자체로는 긍정적인 상태도 부정적인 상태도 아니라는 것이지요. 문제는 불안감이 지나쳐서 병적인 증상으로 나타나는 경우입니다. 만성적인 걱정과 근심으로 일상생활을 제대로 유지하거나 통제하기 어렵다고 판단될 때 우울증 또는 불안증이라는 진단을 내리게 됩니다.

이러한 증상의 원인을 하나의 요소로 설명할 수는 없습니다만, 무언가 해결되지 않은 문제로 인한 무의식적인 갈등 상태라고 볼 수 있습니다. 사랑하는 사람과의 이별이나 죽음, 오랫동안 추구해 왔던 꿈을 포기해야 하는 상실과 좌절 등이 괴로움의 원인으로 지목됩니다. 자신의 이상과 가치에 도달하지 못하는 현실적 괴리감도 중요한 원인으로 설명됩니다.

2,500여 년 전 태어나신 부처님도 이 세상을 살아가는 일에 대하여 "모든 것은 괴로움이다"라고 일갈했습니다. 인간으로 태어난 이상 늙고 병들고 죽는 일, 이른바 생(生)·노(老)·병(病)·사(死)의 괴로움은 피할 수 없습니다. 생명을 지닌 존재들 모두가 겪는 과정이니, 그것을 두고 괴로움이라 말할 것이 있겠나 싶기도 합니다.

그러나 우리가 원해서 늙고 병들고 죽는 사람은 아무도 없습니다. 거대한 권력을 지녔어도, 막대한 재물을 쌓았어도 막을 수 없습니다. 누구도 원치 않지만 아무도 피할 수 없는 인간의 운명 앞에 근원적인 괴로움이 놓여 있습니다.

생·노·병·사의 근본적 괴로움에 우울(憂)·비탄(悲)·고통(苦)·번뇌(惱)의 괴로움이 부수적으로 언급되기도 합니다. 우울과 불안은 우·비·고·뇌의 범주 속에 포함되는 괴로움의 한 형태입니다.

괴로움을 구체적으로 설명하자면, 생·노·병·사의 괴로움 이외에 네 가지가 더 있습니다. 사랑하는 사람과 만나지 못하는 '애별리고(愛別離苦)', 미워하는 사람은 만나는 '원증회고(怨憎會苦)', 구해도 얻지 못하는 '구부득고(求不得苦)', 인간의 몸과 마음을 구성하는 오온의 집착에서 생겨나는 '오음성고(五陰盛苦)', 이 네 가지를 합쳐서 '8고(八苦)'라고 부릅니다.

여기서 말하는 괴로움은 팔리어로 '두카(duḥkha)'를 번역한 것입니다. 단순히 신체적·정신적 고통이나 괴로움만을 가리키지 않습니다. 보다 넓은 의미에서 '원하는 대로 되지 않는', '만족스럽지 못한', '불만족'의 상태에 가깝습니다.

왜 있지 않습니까? 내가 가진 돈은 언제나 내가 사고 싶은 아파트나 자동차의 가격에서 얼마 모자라는 거 말입니다. 꼭 2

퍼센트 부족합니다. 많이 모자란다면 일찍 포기하겠지만, 대부분 그렇지 않습니다. 좋은 것을 이미 보아 버렸으니, 갖고 싶은 마음을 접는 일도 쉽지 않습니다. 내 생각처럼 원하는 대로 되지 않는 겁니다.

사랑이 이루어지기까지 얼마나 많은 괴로움이 따라옵니까? 사랑의 기쁨도 잠시, 마음이 변해 버린 상대방으로 인해 겪는 슬픔은 또 얼마나 큽니까. 재물을 갖게 되면 소유하는 기쁨이 큽니다만, 내가 소유하는 것이 항상 그대로 있는 것은 아닙니다. 잃어버리지 않을까 늘 근심하고 걱정하며, 막상 잃어버리면 더 큰 상실감에 빠집니다.

사랑하는 대상은 사람이든 사물이든 기쁨의 원천이자 슬픔의 원인이 됩니다. 삶은 그야말로 괴로움의 바다입니다. 세상일이 항상 뜻대로 되지 않고 고통이 삶의 본질이라는 사실을 인식할 때 우리는 고통으로 점철되는 삶의 진실과 비로소 만날 수 있습니다.

—
중생의 병을 치료하는 처방전

이 점에서 일체개고를 말하는 불교적 관점을 비관적인 태도로 이해하는 경향이 있습니다. 서양의 몇몇 학자는 불교를 염세적인 종교로 판단하기도 했습니다. 모든 것의 무상(無常)함을 말하는 허무주의로 이해했던 것입니다.

그들의 오해와 달리 불교는 괴로움만을 말하고 있지 않습니다. 행복한 순간은 불교에서도 행복이라 말합니다. 다만 그 행복은 언제까지 지속되는 것이 아니라고 말합니다. 모든 것이 변화하는 본질을 깨닫지 못할 때 괴로움이 생겨난다고 가르칩니다.

또한, 불교적 가르침은 괴로움을 말하는 것으로 끝나지 않습니다. 괴로움의 소멸에 관한 이야기를 빠뜨리지 않습니다. 부처님의 첫 설법지인 사르나트에서 가르치신 내용도 다른 것이 아닙니다. 괴로움의 발생과 그것의 소멸에 관한 것이었습니다. 처음으로 법의 수레바퀴를 굴렸다는 의미에서 초전법륜(初轉法輪)이라고 부르는 이것에는 '사성제(四聖諦)'*, 즉 네 가지의 성스러운 진리가 설명되고 있습니다.

네 가지 진리는 원인과 결과 관계의 매우 정합적인 구조로

---

* 사성제는 괴로움에 대한 성스러운 진리(고성제, 苦聖諦), 괴로움의 원인에 대한 성스러운 진리(집성제, 集聖諦), 괴로움의 소멸에 대한 성스러운 진리(멸성제, 滅聖諦), 괴로움의 소멸에 이르는 길에 대한 진리(도성제, 道聖諦)를 말한다. 앞 글자만 따서 흔히 '고·집·멸·도 사성제'라고 부른다.

짜여 있습니다. 고대 인도의 의학서에 보이는 질병의 진단 방식과 매우 유사합니다. 병의 증상과 질병의 원인, 병이 치료된 상태와 그처럼 치료할 수 있는 방법들을 서술하는 방식입니다. 의사가 먼저 병을 진단하듯 부처님은 괴로움의 증상을 살펴보고 그 원인을 찾아냈습니다. 모든 괴로움의 원인은 욕망과 집착이라는 것이 부처님의 진단입니다.

또한, 의사의 처방으로 환자를 치료하듯이 부처님은 괴로움의 소멸에 이르는 구체적인 방법들을 제시하고 있습니다. 바른 견해, 바른 사유, 바른 말, 바른 행동, 바른 생활, 바른 정진, 바른 알아차림, 바른 선정 등 '여덟 가지 바른 길(팔정도, 八正道)'을 차례대로 설명합니다. 이 점에서 사성제와 팔정도는 한 세트의 법문이라고 할 수 있습니다.

부처님은 평생 동안의 설법을 돌아보며 "나는 단지 괴로움과 괴로움으로부터의 해탈만을 가르친다"라고 말씀하셨습니다. 중생들의 병, 괴로움을 치료하는 의사였던 것입니다. 의사 중의 왕, 의왕(醫王)으로서 하신 부처님의 말씀은 오늘날의 처방전인 셈입니다.

병자 스스로 자신의 병을 자각해야 병을 치료할 수 있습니다. 병에 걸린 사실을 자각하지 못한다면 병을 치료할 생각도 일어나지 않습니다. 당신의 마음이 지금 불안하고 우울하다고 느낀다면, 일단 다행입니다. 스스로 자각하고 있으니까요. 자각하지 못한 채 벌이는 일들이 생각보다 많습니다.

이제 불안과 우울의 원인이 무엇인지 들여다볼 차례입니다. 그 해결 방법은 무엇인지 그것도 함께 둘러보기로 합시다.

"괴로움의 남김 없는 소멸을 모르고

괴로움의 소멸에 이끄는 길도 모르는 사람들."

"괴로움의 남김 없는 소멸을 모르고

괴로움의 소멸에 이끄는 길도 모르는 사람들."

집착 없는 자에겐
근심도 없다

❀

아들이 있는 사람은 아들로 인해 슬퍼진다.
소를 가진 이는 소로 인해 슬퍼진다.
집착하는 대상은 사람에게 근심이 된다.
집착이 없는 사람에게는 근심할 것이 없다.

〈다니야의 경〉 34

소 치는 다니야가 있었습니다. 부처님이 사밧티(인도 중부에
있던 고대 왕국인 코살라국의 수도, 사위국이라고도 함)에 계실 때,
다니야는 마히 강변(인도의 비하르주와 서벵골주, 방글라데시를 흐
르는 강)에 살고 있었습니다. 그는 많은 암소와 황소를 가지고
있었고, 아내와 일곱 명의 아들, 일곱 명의 딸, 그리고 수많은
하인을 거느리고 있었습니다. 평소에는 풀과 물을 구할 수 있
는 하천가에 살았지만, 우기에는 우사와 거처를 마련하여 언
덕 위로 올라가 지냈습니다.

아내는 온순하고 자식들은 모두 건강했으며, 소와 송아지도
풍족했으니 남부럽지 않은 삶이었습니다. 이 정도면 자신이

얼마나 행복한 사람인지 자랑할 만했지요.

다니야는 밥도 지어 놓았고, 우유도 짜놓았으며, 지붕을 잘 이은 움막도 있고, 불 지필 땔감도 쌓여 있으니, "비가 올 테면 내려라"라며 큰소리를 칩니다. 그러자 부처님이 대답합니다. 나에게는 움막도 없고 가족도 없지만, 성냄에서 벗어났고 번뇌의 불도 꺼졌으니, "비가 올 테면 내려라"라고 말입니다.

출가 수행자인 부처님이 누리는 행복은 다니야의 행복과는 전혀 다른 것이었습니다. 다니야는 재산과 가족을 통해 안락함을 누렸지만, 부처님은 욕망과 집착에서 벗어난 자유의 평온함을 누리고 계셨던 것입니다. 다니야가 자신의 행복을 자랑하던 바로 그 방식으로, 부처님은 더 깊은 행복을 말씀하신 것이지요.

이때 악마 파피만이 나타나 다니야를 거듭니다.

"아들이 있는 사람은 아들로 인해 기뻐합니다. 소를 가진 이는 소로 인해 기뻐합니다."

자식도 없고 소도 없는 부처님이 그로 인해 얻는 기쁨을 알리 있냐는 뜻이지요. 그러자 부처님이 다시 대답합니다.

"아들이 있는 사람은 아들로 인해 슬퍼한다. 소를 가진 이는 소로 인해 슬퍼한다."

집착하는 대상은 사람에게 근심과 슬픔이 되지만, 집착할 대상이 없는 사람에게는 근심할 것도 없고 슬퍼할 것도 없다는 말씀입니다.

부처님께서는 황소처럼 모든 속박을 끊고, 코끼리처럼 악취 나는 덩굴을 끊어, 다시는 모태에 들지 않게 되었다고 선언하십니다. 당신의 길은 태어남과 죽음의 괴로움을 더 이상 겪지 않는 길이며, 그것이야말로 가장 큰 행복임을 알려주신 것입니다.

이러한 말씀 앞에서 다니야와 부처님의 '행복 배틀'은 부처님의 승리로 끝이 난 듯합니다. 나고 죽는 괴로움이 없는 평온보다 더 큰 행복이 어디에 있겠습니까? 다니야는 이 말씀을 듣고 곧장 부처님께 귀의했다고 전해집니다.

—
사랑하기 때문에 얽매인다

아이를 낳고 기르는 일은 재가자의 삶에서 행복한 가운데 하나입니다. 다니야가 소를 많이 가진 것처럼 경제적으로 여유로운 삶을 살 수 있다면 그것만으로도 더없이 풍요로운 행복한 인생일 것입니다. 그러나 부처님께서는 '그 모든 것을 버린 자'로서, 출가자가 누리는 최고의 기쁨과 행복을 말하고 있습니다.

　출가(出家)란 말 그대로 '집을 나가는 것'을 뜻합니다. 우리가 보통 집을 나가는 건 가출(家出)이라 부르지요. 편안한 집을 떠나 낯선 곳으로 나아간다는 것은 험하고 혹독한 생활을 감수해야 한다는 뜻이기도 합니다. 배고픔을 참아야 하고, 일정한 거처도 없이 나무 아래나 동굴에서 자야 합니다. 더위나 추위를 견뎌야 하고, 쇠파리나 모기는 물론 뱀이나 사자 같은 맹수도 피해야 합니다.

　집은 우리를 보호해 주는 안식처입니다. 아내와 자식이 있어 더없이 안온한 공간이지요. 하지만 동시에 우리를 속박하는 굴레이기도 합니다. 좋게 말하면 알뜰한 구속이라 할 수 있겠습니다. 참고 견뎌야 하는 일이 생각보다 많기 때문입니다. 출가를 결심한 이에게는 더할 나위 없는 속박이자 족쇄입니다.

　집이라는 것이 안온한 안식처이자 속박의 굴레라는 것을 꿰뚫어 본 고타마 싯다르타는 과감히 집을 나섰습니다. 아내와 갓 태어난 자식을 두고 말입니다. 카필라 왕국의 왕위도 내려놓았습니다. 사랑의 기쁨, 권력의 향유가 주는 행복은 그가 추구하던 진정한 행복이 아니었기 때문입니다. 그가 바라던 행복은 태어남과 죽음이라는 괴로움을 다시 겪지 않아도 될 완전한 행복에 있었습니다.

그렇다고 해서 출가자의 길이 재가자에게 그대로 적용되는 것은 아닙니다. 부처님은 "재가자의 삶은 얽매임이고 먼지가 쌓이는 곳(《숫타니파타》, 〈출가의 경〉 406송)"이라 말씀하시고 궁궐을 떠났습니다. 제자들이 떠나온 집을 그리워할 때는 "사랑하기 때문에 슬픔이 생기고, 사랑하기 때문에 두려움이 생긴다. 사랑에서 벗어난 자에겐 슬픔이 없는데 어찌 두려움이 있겠는가(《법구경》)"라며, 올바른 수행자의 길을 말씀하셨습니다.

슬픔과 두려움의 근원이 사랑이라는 이 말씀을 세속에 사는 재가자에게 똑같이 적용하기는 어렵습니다. 부처님께서도 "출가자와 재가자가 사는 것은 같지 않다(《숫타니파타》, 〈성인의 경〉 220송)"라고 인정하셨습니다.

재가자는 어머니와 아버지를 돌봐야 하고, 아내와 자녀들을 보살펴야 합니다. 지붕 있는 집에 살며 가족들을 건사해야 하고, 먹고 살기 위해 농사도 짓고 가축도 길러야 합니다. 돈을 벌어야 하니, 온갖 것이 걱정됩니다. 비가 오면 어쩌나, 도둑이 들면 어쩌나 걱정이 끝이 없습니다.

오늘날 우리의 삶도 크게 다르지 않습니다. 아이가 밤늦게 귀가하면 부모는 잠을 이루지 못합니다. 자식에게 위험한 일이 없기를 바라는 마음은 부모라면 누구나 갖는 마음이겠지요. 쓸데없는 걱정이라는 걸 알면서도, 뉴스의 사건 사고라도 벌어진 듯 불안한 마음이 몰려듭니다.

요즘은 아이를 어학연수나 유학을 보내는 집도 많습니다. 엄마들의 이야기를 들어 보면 아이가 무사하다는 연락을 보내 오기 전까지는 잠을 잘 수 없다고 합니다. 낮과 밤이 서로 달라 새벽에야 연락이 닿는 날도 많다 보니 새벽잠을 설치기 일 쑤지요. 사랑하기에, 그 존재가 너무 소중하기에 근심과 걱정이 따라 붙습니다.

요즘 사람들은 주식 투자에도 관심이 많습니다. 인간은 본래 근심과 걱정을 안고 사는 존재인데, 하루에도 수십 번 '살까, 팔까'를 고민하는 투자자의 근심은 이루 말할 수 없습니다. 주가가 오를 땐 더 오르겠지 싶어 욕심을 부리다 타이밍을 놓치고, 떨어질 땐 손실이 두려워 미처 손을 털지 못합니다. 시장 흐름에 따라 내 마음도 출렁입니다. 소중한 내 재산이기에 잃을 수는 없지만, 뜻대로 되지도 않습니다. 어느새 마음은 온통 거기에 묶여 버립니다.

돈은 세상을 돌고 돌아 다시 돈이 됩니다. 내 돈이라 할 것도 없습니다. 자식도 내 자식 같지만, 자라 성인이 되면 결국 내 품을 떠납니다. 자식도 내 것이 아니고, 내 몸조차 온전히 내 것이라 할 수 없습니다. 그럼에도 자식과 재산을 '내 것'이라 집착하면, 근심과 걱정은 결코 떠나지 않습니다.

아무리 소중한 것이라 해도 그것은 영원히 내 것이 될 수 없습니다. "사랑하기에 슬픔과 두려움이 생긴다"는 부처님의 말씀은, 생각해 보면 단지 출가 수행자에게만 해당하는 말씀이 아닌 듯합니다. 세속 생활을 하는 재가자 또한 그 말씀 앞에서 고개를 끄덕이게 됩니다.

출가자는 집을 떠나 마음의 자유를 얻고자 했고, 재가자는 집 안에 머무르며 사랑과 책임을 안고 살아갑니다. 둘의 길은 다르지만, 괴로움에서 벗어나 평온에 이르고자 하는 마음만큼은 같습니다. 부처님께서 강조하신 "어디에도 집착하지 말라"라는 가르침은, 삶의 형식이 아니라 마음의 태도에 관한 말씀이었습니다.

우리는 어쩔 수 없이 사랑하고, 애쓰고, 염려하며 살아갑니다. 하지만 그 모든 소중함조차도 '나의 것'이 아님을 받아들이는 순간 삶은 조금 가벼워지고 마음은 한층 평온해질 수 있습니다.

"집착하는 대상은 사람에게 근심이 된다.

집착이 없는 사람에게는 근심할 것이 없다."

"집착하는 대상은 사람에게 근심이 된다.

집착이 없는 사람에게는 근심할 것이 없다."

쫓아내려 할수록
더 가까워지는 것

❀

비구는 안으로 평온해야 한다.
다른 것에서 평온함을 찾아서는 안 된다.
안으로 평온한 사람에게는 취할 것이 없는데
어찌 버릴 것이 있겠는가?

<서두름의 경> 919

우리는 불안의 고통에서 벗어나기를 원합니다. 하지만 불안 그 자체가 문제인 것은 아닙니다. 불안한 마음이 없었다면 인간의 생존은 불가능했을 것입니다. 뱀이나 야수의 치명적인 위험을 알아차리지 못했다면 살아남을 수 없었겠지요. 우리의 뇌는 위험 신호를 재빨리 포착하도록 진화해 왔던 것입니다. 즉, 경고의 메시지를 즉각적으로 알아차려야만 자신을 보호할 수 있었던 것입니다.

불안은 앞으로 생겨날지 모르는 일에 대한 예비적인 마음입니다. 그 자체로 부정적인 것은 결코 아닙니다. 주어진 과제를 잘 해결할 수 있을까 걱정하는 사람은 과제 해결을 위한 방법을 미리 고민하고 준비하게 됩니다. 아무 걱정 없이 무사태평하다면 과제를 제대로 해결할 수 없을 것입니다. 적당한 불안은 오히려 우리 일상에 필수적인 요소라고 할 수 있습니다.

문제는 불안이 지나칠 때 생겨납니다. 적당한 불안으로 자신을 보호하는 게 아니라, 불안의 그물에 걸려 포획당한 상태를 말합니다. 단지 마음의 문제만이 아닙니다. 뒷목이 뻣뻣해지고 심장이 두근거리며 숨 쉬는 것조차 곤란해집니다. 이러한 신체 증상들은 실제로 우리 뇌에서 세로토닌, 노르에피네프린 등 신경전달물질이 과하게 분비되기 때문이라고 합니다. 즉, 신경전달물질의 균형이 깨져버린 것입니다.

인터넷 검색창에는 자신의 상태가 불안이나 우울의 증세를 겪고 있는 것이 아닌지를 묻는 질문들이 수두룩합니다. 이에 답변으로 자신의 상태를 정확히 받아들이고, 불안의 원인을 파악하며, 편안함을 방해하는 요소들을 하나씩 버리라는 조언이 주어집니다. '생활 습관을 바꿔 보라', '운동이나 명상을 해 봐라', '긍정적인 마음을 가져 보라'라는 등 다양한 제안을 만날 수 있습니다.

모두 맞는 말입니다. 사실 그런 방법 외에 다른 뾰족한 수단이 없어 보이기도 합니다. 그런데 너무나 맞는 말이다 보니 때론 공허하고 무의미하게 들릴 수 있습니다. 당장 이 불안한 마음에서 벗어나고 싶다는 절박함 앞에서 이러지도 저러지도 못한 채 안절부절못하게 됩니다.

—

그 마음부터 내놓아라

중국의 혜가 스님도 그랬던 모양입니다. 중국 낙양 출신으로, 본래 이름은 신광이었습니다. 유교와 도교의 이치에 통달한 학식 있는 인물이었고, 불교 경전을 접한 뒤 큰 뜻을 품고 출가했지만 그의 마음은 여전히 편치 않았습니다. 그러던 중 달마 스님의 소식을 듣고, 한걸음에 달려가 가르침을 청합니다.

달마 스님은 인도에서 중국으로 불교를 처음 전한 분이며, 낙양 숭산 소림사에서 9년 동안 면벽수행을 한 것으로 널리 알려져 있습니다. 신광이 법을 구하러 찾아왔지만, 달마 스님은 아무 대답도 하지 않았습니다.

구도 열망에 불타는 신광은 물러서지 않고 스님의 처소 앞을 떠나지 않았습니다. 눈이 펄펄 내리는 겨울밤, 며칠째 몸이 얼어붙도록 그 자리를 지켰습니다. 마침내 달마 스님이 말을 건넵니다.

"그대는 눈 속에서 무엇을 구하고자 하는가?"

"원하옵건대, 감로의 문을 열어 어리석은 중생을 제도해 주소서."

"어찌 작은 공덕으로 참다운 법을 바라는가?"

이 말을 듣고 신광은 칼을 꺼내 자신의 왼팔을 자른 뒤, 그것을 스님 앞에 내밀었습니다. 그 자리에서 자신의 결기를 보인 것입니다. 이른바 '혜가단비(慧可斷臂)'로 불리는 이 일화의 주인공, 신광은 훗날 선종의 제2조사가 됩니다.

그런 그가 하루는 달마 스님에게 간절히 묻습니다.

"마음이 불안합니다. 부디 제 마음을 편안하게 해 주십시오."

"그 마음을 내놓아라. 너를 위해 편안하게 해 주리라."

"스님, 아무리 찾아도 찾을 수가 없습니다."

"내 너를 위해 네 마음을 이미 편안하게 하였도다."

그제야 혜가 스님은 불안한 마음이라는 것이 애초에 실체가 없는 것임을 깨닫게 됩니다. 이것이 바로 달마 대사의 안심법문(安心法門)입니다.

불안은 어디에도 없었습니다. 그런데 우리는 왜 그토록 괴로워하고 고통받을까요? 불안한 심리는 마음이 빚어낸 하나의 현상일 뿐입니다. 보이지 않는 위험을 알아차리라는 일종의 신호입니다. 불안은 그렇게 마음속에 생겨났다가 사라집니다. 마치 파도 위의 물거품과도 같습니다.

하지만 막상 불안의 기색이 다가오면, 우리는 그 소용돌이에 휩쓸린듯 꼼짝 못하게 됩니다. 불안이 나를 엄습했고, 몸과 마음을 잠식했다고 느낍니다. 그럴 때는 '아, 내가 지금 불안하구나' 하고 알아차리는 것이 좋습니다. 그리고 마음이 어떻게 흘러가는지를 조용히 지켜보는 겁니다. 관찰자의 시선을 유지하라는 것이지요. 불안은 나의 의지가 아니지만, 그로 인한 괴로움은 내 선택일 수 있습니다. 불안한 마음을 붙잡고 놓지 않는 건 결국 나 자신이기 때문입니다.

불안의 정체를 아는 것이 중요합니다. 내 불안을 설명할 수 있는 이유들을 떠올려 보십시오. 누구 때문인지, 어떤 일 때문인지 여러 가지가 떠오르겠지만, 결국은 내 생각이 만들어 낸 것들입니다.

마음속 불안을 꺼내 보십시오. 대부분은 아직 일어나지 않은 일을 앞서 걱정해서 생겨난 것들입니다. 실체가 있을 리 없습니다. 어쩌면 불안을 쫓아내려는 그 마음부터 내려놓아야 할지도 모릅니다.

불안의 신호를 알아차리고, 그것을 다루는 자신만의 방법을 찾는 것이 중요합니다. 그 가운데 '불안은 실체가 없다'라는 깨달음은, 불안을 다스리는 첫걸음이 될 수 있습니다.

"안으로 평온한 사람에게는 취할 것이 없는데

어찌 버릴 것이 있겠는가?"

"안으로 평온한 사람에게는 취할 것이 없는데

어찌 버릴 것이 있겠는가?"

마음 밭에
무엇을 심고 있는가

믿음은 씨앗, 고행은 비,
지혜는 나의 멍에와 쟁기입니다.
부끄러움은 쟁기 자루, 마음은 멍에의 끈,
마음챙김은 쟁기날과 막대입니다.

〈카시 바라드와자의 경〉 77

    출가한 남성 수행자를 '비구(比丘)'라고 부릅니다. 여성 수행자는 '비구니(比丘尼)'라고 부릅니다. 본래 이 말의 의미는 '걸식하는 사람'이라는 뜻입니다. 출가 수행자들은 집을 나온 사람들이니 당연히 집도 없고 자기 소유의 논밭도 없습니다. 모든 욕망에서 벗어나기 위해 몇 가지 필요한 물품을 제외하고는 일체의 개인적 소유를 허락하지 않았습니다. 음식도 만들지 않았습니다. 마을 사람들이 제공하는 음식을 탁발하며 다녔습니다. 부처님 자신도 때가 되면, 발우와 가사를 들고서 음식을 얻기 위해 마을로 향했습니다.

    탁발은 음식을 구걸하는 일이라기보다는 음식을 베푸는 사람들에게 복을 빌어 주는 행위입니다. 즉, 공양하는 사람에게 복전(福田)을 쌓을 기회를 주는 일입니다. 수행자에게는 자신을 낮추고 아만심을 버리는 수행의 일환이었습니다.

밭을 가는 일과 관련하여 《숫타니파타》에는 카시 바라드와자라는 이름의 한 브라만이 등장합니다. 농경제를 맞아 아침부터 부지런히 일하고 밭에 씨를 뿌리던 그는 탁발하러 걸어가는 부처님을 보자 심사가 좋지 않았나 봅니다.

"사문이여, 나는 밭을 갈고 씨를 뿌립니다. 그리고 밭을 갈고 씨를 뿌리고 나서 먹습니다. 그대 또한 밭을 갈고 씨를 뿌리십시오. 밭을 갈고 씨를 뿌리고 나서 드십시오."

일하지 않는 자가 남의 밥을 빌어먹고 다니냐는 비아냥이 담겨 있습니다. 그러자 부처님은 이렇게 대답합니다.

"브라만이여, 나 또한 밭을 갈고 씨를 뿌리고 나서 먹습니다. 나에게 믿음은 씨앗이며, 고행은 비이며, 지혜는 나의 멍에와 쟁기입니다. 부끄러움은 쟁기의 자루이며, 마음은 멍에의 끈이며, 마음챙김은 쟁기날과 막대입니다."

카시 바라드와자가 밭을 갈 듯이, 부처님은 마음의 밭을 가는 사람이라고 응수한 것입니다. 그리고 자신의 밭갈이가 어떻게 이루어지는지를 설명합니다.

"몸을 조심하고, 말을 조심하고, 음식을 절제하여 과식하지 않으며, 진리를 김매는 일로 삼고, 온화함으로 쟁기에서 멍에를 벗어나게 합니다. 정진은 속박에서 평온으로 실어 가는 황소입니다. 이 밭갈이는 불사(不死, amṛta)의 열매를 가져옵니다. 온갖 괴로움에서 벗어나게 됩니다."

—

콩 심은 데 콩 나고, 팥 심은 데 팥 나듯이

브라만과의 대화에서 부처님이 말씀하신 불사의 열매란 '죽음(死, mṛta)이 없는(a-) 상태'를 말합니다. 진리의 밭을 갈아 깨달은 이에게는 늙고 죽음이 없는 상태의 열매가 열린다는 뜻이지요. 이 말을 들은 카시 바라드와자는 마음을 고쳐먹고 우유죽을 가득 담아 부처님께 공양해서 올렸습니다.

콩 심은 데 콩 나고, 팥 심은 데 팥 난다고 합니다. 농사짓는 일에는 자연스러운 인과법칙이 작용합니다. 우리 마음도 역시 내가 심은 대로 열매가 맺힙니다. 선한 마음은 선한 행위를 짓게 만들고 좋은 과보를 가져옵니다. 선하지 못한 마음은 악한 행위로 이어져 나쁜 과보를 받게 됩니다.

어디서 날아왔는지 모르게 잡초가 자라기도 합니다. 농부들이 틈틈이 김을 매는 이유입니다. 수행자라면 자기 마음에 번뇌의 씨앗이 자라고 있지는 않은지 수시로 살펴보아야 합니다.
생겨난 번뇌는 자라나지 않도록 부지런히 없애 주어야 합니다.
여기에는 '네 가지 바른 노력(사정근, 四正勤)'이 필요합니다.

이미 생긴 악은 영원히 없애도록 하고　　　　　(已生惡令永斷)

아직 생기지 않은 악은 생겨나지 않도록 하라.　(未生惡令不生)

아직 생기지 않은 선은 생겨나도록 하며　　　（未生善令生)

이미 생긴 선은 더욱 자라나도록 해야 한다.　（已生善令增長)

네 가지 바른 노력이란 선한 것은 받들어 행하고, 선하지 않
은 악한 것은 끊어 없애라는 가르침입니다. 《염처경》이나 《아
함경》 등에 전하는 이와 같은 내용은 한마디로 '봉선지악(奉善
止惡)', "악한 일을 멈추고 착하게 살라"라는 뜻이지요.

여기에서 선(善)에 해당하는 원어 kusala는 단순한 도덕적 가치
만을 의미하지 않습니다. 수행에 이로운 것, 즉 마음의 온갖 번
뇌와 집착에서 벗어나도록 돕는 것을 의미합니다. 대표적으로
탐욕·분노·무지에서 벗어나는 것을 '선한 것'으로 보았습니다.

반대로 수행에 이롭지 못한 것들은 불선(不善, akusala)으로 보
았습니다. 이것 역시 악(惡)이나 비도덕적인 행동만을 의미하
지 않습니다. 탐욕·분노·무지와 같이 우리 마음에 번뇌와 집

착을 불러오는 것은 모두 '선하지 못한 것'입니다. 따라서 몸과 말과 마음으로 짓는 행위들을 삼가고 절제하는 것이 좋습니다. 그것이 수행자의 마음에 번뇌와 괴로움을 없애 줍니다. 수행의 열매를 맺는데 이로움을 가져옵니다.

이러한 가르침은 출가자가 아닌 사람들에게도 도움을 줍니다. 선하고 도덕적인 삶을 살아가는 일의 이로움을 말합니다. 예를 들어, 불교도가 지녀야 할 다섯 가지 계율(오계, 五戒)은 단순한 금기 조항이 아니라, 우리가 보다 평온한 삶을 살 수 있도록 돕는 기본 원칙입니다.

"살생하지 마라", 불살생(不殺生)은 남의 생명을 함부로 해치지 않으니 나의 생명 또한 존중받게 됩니다.

"도둑질하지 마라", 불투도(不偸盜)는 남의 것을 빼앗거나 훔치지 않으니 제 발 저릴 일이 없습니다. 불안과 죄책감에서 자유롭게 됩니다.

"사음하지 마라", 불사음계(不邪戒)는 남의 아내와 잘못된 육체적 관계를 맺음으로써 누군가를 고통에 빠뜨리고 원한을 살 일이 없습니다.

"헛된 말 하지 마라", 불망어(不妄語)는 거짓말, 험한 말, 속이는 말, 이간질하는 말 따위로 남을 속이지 않는 것입니다. 정직한 관계가 유지되고 신뢰가 쌓이니 내 마음도 평온해집니다.

"술 마시지 마라", 불음주계(不飮酒戒)는 술과 같이 중독성 있는 물질에 빠져 몸과 마음을 망치는 일이 없도록 만들어 줍니다. 술에 취해 잘못된 행동을 할 일이 없고 망신을 살 일도 없습니다.

말하자면, 다섯 가지 계율은 자신의 생활을 올바른 삶으로 이끄는 지표입니다. 나 자신이 떳떳하고 세상에서 비난받을 일 없으니, 내 마음은 더 없이 평온합니다. 반드시 따라야 할 강요된 규칙이 아니라, 자신의 삶을 평온하게 만드는 데 이로운 실천적 지침들입니다.

내 마음의 평온을 유지하는 일은 밭을 가는 일과 같습니다. 좋은 습관이든 나쁜 습관이든 반복되면 마음 밭에 고랑을 만듭니다. 고랑을 타고 보이지 않는 물길이 나겠지요.

나쁜 습관이 없었는데 생겨나기도 하고, 생겨났나 싶었는데 어느새 무성하게 자라 내 마음을 지배합니다. 나쁜 습관은 가능한 한 생겨나지 않도록 주의해야 합니다. 생겨났다면 바로 없애는 노력이 필요합니다. 가능한 한 좋은 습관이 생겨나도록 애쓰고, 생겨난 좋은 습관은 내 몸에 익어서 잘 자라나도록 북돋워 주어야 합니다.

마음 밭에 어떤 씨앗을 뿌리고 싶습니까? 불안과 의혹의 씨앗입니까, 믿음과 평온의 씨앗입니까? 불안의 씨앗이 뿌려진 마음에는 근심과 걱정의 덩굴이 자라고 의혹의 열매가 무성하게 열릴 것입니다. 믿음의 씨앗이 뿌려진 마음에는 편안한 가지 덩굴에 선한 열매들이 열리게 될 것입니다.

이 모든 일은 나의 마음먹기에 달려 있습니다. 이제 밭갈이에 나설 씨앗과 장비들을 준비해야 할 시간입니다.

"믿음은 씨앗, 고행은 비,

지혜는 나의 멍에와 쟁기입니다."

"믿음은 씨앗, 고행은 비,

지혜는 나의 멍에와 쟁기입니다."

알아차리는 순간
고요가 찾아온다

생겨난 번뇌는 잘라 버리고
생겨나지 않은 것은 자라지 않도록 하는 사람,
그를 홀로 유행하는 성인이라 부른다.
그 위대한 성인은 평온의 경지를 본다.

〈성인의 경〉 208

마음이 복잡하고 시끄러운 때, '이래서 명상을 하라고 하나'
싶은 날들이 있습니다. '아침에 일어나 15분이라도 명상을 해
볼까.' 작은 결심을 하고 방 한 켠에 앉아 봅니다. 가만히 앉아
있으려고 하면 왜 그렇게 많은 생각이 떠오를까요? 사방을 둘
러싼 고요 속에 이런저런 생각이 꼬리에 꼬리를 물고 일어납
니다.

대부분 지난 일들이 떠오릅니다. '그때 왜 그랬을까?' 후회스
러운 일들이 밀물처럼 다가옵니다. 좋았던 일은 잊어버리지
만, 고통스러웠던 사건은 좀처럼 잊히지 않는 것 같습니다. 잊
어버린 줄 알았는데 과거의 기억이 내 의식의 밑바닥에서 여

지없이 출몰합니다. 한바탕 옛일들이 지나고 나면, 앞으로 있을 일에 대한 근심과 걱정으로 마음은 다시 일렁입니다. 도저히 가만히 앉아 있을 수가 없군요. 아무래도 명상에는 소질이 없는 것 같습니다.

한국명상심리상담원을 운영하는 서광 스님은 이런 현상은 극히 자연스러운 일이라고 말합니다. 우리의 뇌 구조는 가만히 앉아 있으면 과거나 미래를 향해 마음이 움직이도록 짜여져 있다는 것입니다.

특별히 무언가를 수행하고 있지 않을 때, 그러니까 의식적인 활동을 멈춘 상태에서 우리 뇌에는 오히려 활성화되는 영역이 있습니다. '디폴트 네트워크(default network)'라고 합니다. 주로 과거를 떠올리거나 미래를 생각하는 일이 활발해집니다.

가만히 있어도 우리의 뇌는 바쁘게 움직이고 있습니다. 디폴트 네트워크가 과도하게 활성화되면 부정적인 자기 평가, 불필요한 걱정, 과거를 회상하는 일이 반복되기 쉽습니다.

서광 스님은 과거나 미래의 일이 의식 속에 떠오르는 것을 그냥 지켜보라고 말합니다. 없애려고 애쓸 일이 아니고, 애쓴다고 해서 사라지는 일도 아닙니다. 내버려 두고 명상을 계속 이어가다 보면, 디폴트 네트워크를 사용하는 대신에 전전두엽 피질 같은 뇌의 다른 부위가 활성화되기 시작합니다. 전전두

엽 피질은 더 많은 통제와 주의 집중을 담당하도록 하여 마음을 현재로 가져오도록 도와줍니다. 명상은 단순히 우리의 마음을 편안하게 할 뿐 아니라 뇌의 구조와 활동에도 긍정적인 변화를 가져옵니다.

─ 네 가지 알아차림의 효과

과거도 아니고 미래도 아닌, 현재의 순간으로 마음을 가져오는 가장 손쉬운 방법은 자신의 호흡을 지켜보는 일입니다. 코로 숨이 들어오고 나가는 것은 지켜봅니다.

들숨은 들숨대로 날숨은 날숨대로, 길게 숨 쉴 때는 길게 숨 쉰다고 알아차리고 짧게 숨 쉴 때는 짧게 숨 쉰다고 알아차립니다. 숨이 들어가고 나갈 때 하나, 둘 숫자를 세는 것도 좋습니다. 호흡할 때 아랫배가 오르락내리락 움직이는 것, 양쪽 갈비뼈가 움직이는 것을 느껴 보아도 좋습니다.

이것이 '몸에 대한 관찰(신념처, 身念處)'입니다. 호흡에 집중하면서 가볍게 들뜬 여러 가지 생각들이 사라지는 것을 경험할 수 있습니다. 몸의 감각에 집중하면 습관적으로 긴장되었던 곳을 알아차리고 동시에 근육이 이완되는 효과가 있다고 합니다. 걷거나 머물거나 앉거나 누워서도 가능합니다. 일상적 행위의 모든 순간이 알아차림의 대상이 됩니다.

다음으로는 '느낌에 대한 관찰(수념처, 受念處)'이 있습니다. 몸과 마음에서 일어나는 느낌을 알아차리는 것입니다. 불교에서 말하는 느낌에는 세 가지 종류가 있습니다. 즐거운 느낌, 괴로운 느낌, 즐겁지도 괴롭지도 않은 느낌이 그것이지요.

우리는 외부 세계의 사람이나 사물과 마주할 때 즐거운 느낌이 들면 '좋은 것이다'라고 받아들이고, 그것을 갖고 싶다는 욕망이 일어납니다. 이 욕망은 종종 그것을 소유하고자 하는 의지와 행동으로 이어집니다.

반대로 괴로운 느낌이 들면 '좋지 않다'라고 받아들이고, 밀쳐 내고자 하는 욕망이 생깁니다. 누군가를 미워하거나 싫어하게 되고, 심할 경우 혐오의 감정까지 이어지기도 합니다.

이러한 느낌은 대개 대상을 보자마자 아주 짧은 순간에 생겨납니다. 만약 그것이 불안이나 두려움을 유발하는 대상이라면 판단하기도 전에 느낌대로 빠르게 반응하는 것이 생존에 유리합니다.

괴롭지도 즐겁지도 않은 느낌은 단순히 무덤덤한 상태가 아닙니다. 좋고 싫다는 판단이 일어나지 않기 때문에, 가지려는 욕망도 밀어내려는 욕망도 없습니다. 욕망이 없으니 마음이 평온한 상태에 머물게 되는데, 불교 수행의 목적이 바로 이 평온에 도달하는 데 있습니다.

이와 같은 평온의 상태에 도달하려면 먼저 지금 이 순간의 느낌을 알아차리는 연습이 필요합니다. 느낌을 지켜보는 연습은 우리의 감정, 생각, 판단, 의지 등의 연쇄적 발생을 이해하는 출발점이 되기 때문입니다.

새로운 사람과의 관계에서도 언제나 느낌이 가장 먼저 작용합니다. 불교 수행에서도 느낌은 매우 중요합니다. 우리의 의식과 행동을 결정짓는 핵심 고리이기 때문입니다. 그러므로 자신의 느낌을 잘 알아차릴 필요가 있습니다.

그 다음은 '마음에 대한 관찰(심념처, 心念處)'입니다. 마음에서 일어나는 심리 상태들, 이를테면 탐욕이나 분노, 미움이나 질투, 회한과 원망 등의 감정이 일어나는 것을 가만히 지켜보는 일입니다.

마음은 가만히 한곳에 머물지 못하고 끊임없이 무언가를 향해 내달립니다. 거기에 자신의 느낌과 감정이 실리게 되고, 여러 가지 마음의 상태가 잇따라 발생합니다. 내가 누군가에게 짜증 나는 순간이 있다면, '짜증이 나는구나' 하고 알아차리는 것만으로도 많은 도움이 됩니다. 그 이상의 심리 상태로 진행되는 것을 멈출 수 있기 때문입니다. 멈추지 못하더라도 최소한 그 속도를 늦추는 데에는 확실한 효과가 있습니다.

마지막으로 '법에 대한 관찰(법념처, 法念處)'입니다. 의식이나 마음에서 일어나는 모든 현상은 법(法)에 속합니다. 그 모든 현상의 본질과 본성까지 아는 일이 법에 대한 관찰입니다.

우선 모든 것은 '항상 변화한다'라는 것을 알아차립니다. 마음에 생겨난 것은 무엇이든 머물다가 사라지고, 변하지 않고 그대로인 것은 없다는 것을 말입니다. 모든 현상은 원인과 조건에 따라 생겨나고, 원인과 조건이 다하면 사라지기 마련입니다.

또한, 모든 것에는 '실체가 없다'라는 사실을 알아차립니다. 나와 내가 경험하는 세상은 실체로서 존재하는 것이 아님을 아는 일입니다. 실체로서 존재한다면 영원히 변하지 않고 존재할 수 있을 것입니다. 하지만 그러한 것은 아무것도 없다는 것이 불교적 시각입니다.

몸·느낌·마음·법에 대한 관찰을 사념처(四念處) 또는 네 가지 '알아차림(sati)'이라고 합니다. 알아차림은 지금 여기에 나의 의식이 깨어 있도록 도와줍니다. 현재의 순간에 깨어 있는 지혜로 인도하는 출발점입니다. 그 의미는 내 마음의 모든 현상을 주관적인 느낌이나 의식과 분리하여 '생겨났다 사라지는 하나의 현상'으로 보라는 뜻입니다.

멈추고 단지 바라보기만 하라는 것. 좋은 감정이 일어나면 좋아하는 감정대로, 싫은 감정이 일어나면 싫어하는 감정대로 지나가도록 내버려 두십시오. 좋으니까 붙잡고, 싫으니까 버리고자 하는 나의 생각과 판단이 행위로 이어집니다. 나쁜 감정이나 생각이 일어나고 있음을 알아차리고 자신의 생각과 분리시킴으로써 보다 긍정적인 마음 상태로 바꿀 수 있습니다.

부정적인 감정이나 생각 또한 변화하는 것이고 실체가 없는 것이니까요. 먼지 낀 구름이 지나고 나면, 마음은 머물던 자리 그대로 밝게 빛나고 있음을 알게 됩니다.

"생겨난 번뇌는 잘라 버리고

생겨나지 않은 것은 자라지 않도록 하는 사람,

그를 홀로 유행하는 성인이라 부른다."

"생겨난 번뇌는 잘라 버리고

생겨나지 않은 것은 자라지 않도록 하는 사람,

그를 홀로 유행하는 성인이라 부른다."

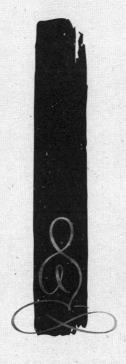

"함부로 인연 맺고
휘둘리지 마라"

관계를 조화롭게 만드는 법

인연이 깊어질수록
여백이 필요하다

부끄러움을 잊어버리고,
"나는 친구다"라고 말하면서
도움 주는 행위를 하지 않는 사람
그는 나의 친구가 아님을 알아야 한다.

〈부끄러움의 경〉 253

　인간은 사회적 동물입니다. 우리는 가정, 학교, 직장 등 크고 작은 사회 속에서 다른 사람들과 함께 살아갑니다. 나 홀로 살아가는 것이 아니기에 누군가와 갈등을 겪는 일도 적지 않습니다. 가족, 직장 상사, 친구, 연인 등 우리가 속한 공동체 안에서 좋은 만남이 전제되지 않는 한, 좋은 삶이나 진정한 행복은 기대하기 어렵습니다.

　우리는 원하는 관계가 가능할 때 행복을 느낍니다. 우리가 누리는 행복감의 8할은 타인과의 관계 속에서 비롯됩니다. 반대로 원하는 대로 되지 않을 때 겪는 고통은 우리의 마음을 깊이 흔들고 지배하기도 합니다. 누군가를 만나도 충족되지 않

080 ———————————— 숫타니파타 마음공부

고 헛헛한 마음이 계속된다면 그 고통은 더욱 커집니다. 그래서 타인과 맺는 관계는 삶에서 매우 중요합니다.

많은 직장인이 일터에서 겪는 괴로움도 일 자체보다는 사람 간의 갈등에서 비롯할 때가 많다고 합니다. 상사나 동료와의 관계가 불편해질 때 일의 어려움보다 더 큰 고통을 경험하게 됩니다.

요즘 젊은 친구들은 많은 형제나 친척들과 북적이며 살아 본 경험이 드뭅니다. 외동이거나 한두 명의 형제자매만 있는 경우가 대부분이라, 누군가와 공간을 나누고 자신의 영역을 침해당해 본 일이 적습니다. 갈등을 겪고 그것을 조율해 본 경험도 부족합니다. 그래서 관계 맺는 일을 어려워하고, 타인의 참견이나 조언, 잔소리에 유독 예민한 반응을 보이기도 합니다.

하지만 타인을 향한 관심과 애정은 내 삶을 의미 있게 만드는 태도입니다. 타인을 주시한다는 것은 자기중심적인 사고에서 벗어나는 시작이기도 합니다. 말투나 표정 같은 미세한 단서에 민감하게 반응하는 능력은 배려 깊은 관계를 가능하게 해 주는 감수성이기도 합니다.

오히려 이런 감수성이 부족해서 생기는 문제들이 더 많습니다. 그러니 타인에게 민감하다고 해서 반드시 나쁜 것만은 아닙니다. 문제는 그 민감함이 지나쳐서 타인의 말과 행동에 내 감정이 쉽게 휘둘릴 때입니다. 내 행복과 불행이 전적으로 타인의 반응에 좌우된다면 그것은 스스로를 힘겹게 하는 것밖에 되지 않습니다. 관계를 맺되, 지나치게 의존하지 않는 태도가 필요합니다.

지나치게 의존하는 사람은 친밀한 관계를 강박적으로 유지하려 합니다. 혼자 있는 시간을 견디지 못하고 끊임없이 의지할 대상을 찾습니다. 자기 존재의 이유를 타인을 통해 확인하려 하기 때문입니다. 그러다 보니 상대의 작은 행동에도 쉽게 흔들리고 자신을 좋아하는지 늘 불안해합니다. 이런 관계는 상대에게 피로감을 주어 결국 오래 유지되기 어렵습니다.

관계에서 아픈 지점은 가장 가까운 사람에게서 가장 아픈 상처를 받기 쉽다는 사실입니다. 부모자식, 형제자매, 가장 친밀한 친구라고 믿었던 사람과 주고받은 말 한마디가 돌이킬 수 없는 갈등으로 번지기도 합니다. '굳이 말하지 않아도 내 마음을 알아줄 거라 믿었는데'라는 믿음이 내 생각뿐이었다는 걸 알게 되는 순간 실망은 더 커집니다. 가까운 사람은 우리를 가장 기쁘게도 하지만 동시에 가장 깊은 고통의 원인이 되기도 합니다.

상처를 받는 이유는 낯선 이에게는 절대로 바라지 않았을 무언가를 가까운 이에게는 기대했기 때문입니다. 내 생각에만 갇혀 상대방과 나 사이의 적절한 거리를 유지하지 못한 데서 비롯한 어리석음 탓이지요.

우리는 종종 친밀한 사람을 자신과 동일시합니다. 하지만 타인은 나와 다른 생각과 감정을 지닌 별개의 존재입니다. 그 사실을 잊으면 친밀함은 오히려 깊은 상처로 되돌아옵니다. 그러니 내 감정에만 몰입하지 말고 상대를 있는 그대로 바라볼 수 있어야 합니다. 객관적인 시야를 갖고, 마음의 안전거리를 유지하는 것이 관계를 지혜롭게 이어가는 길입니다.

—
관계를 위한 마음의 거리 두기

부처님이 오늘날 우리가 겪는 관계의 문제를 보신다면 무엇이라 말씀하실까요? 원론적으로 부처님은 어진 이를 가까이하고 어리석은 이는 멀리하라고 하셨습니다. '근묵자흑 근주자적(近墨者黑 近朱者赤)', 검은 먹을 가까이하면 검어지고 붉은 것을 가까이하면 붉어진다는 뜻입니다. 생선을 싼 종이에는 비린내가 나지만, 향을 싼 종이에는 향내가 나는 법입니다. 우리가 가까이하는 대상은 내 안에 스며들어 알게 모르게 우리에게 영향을 미치게 됩니다.

2章 · "함부로 인연 맺고 휘둘리지 마라"

부처님은 어떤 친구를 사귀어야 하고, 어떤 친구를 사귀지 말아야 하는지도 구체적으로 말씀하셨습니다. 《숫타니파타》 의 〈부끄러움의 경〉 253~255송에서 부처님은 자기 자신에 대하여 부끄러워하는 마음이 없고 '나는 친구다'라고 말하면서 도움이 필요할 때 도와주지 않는 사람, 기분 좋은 말만 앞세우는 사람, 친구의 결점만 보는 사람은 진실한 친구가 아니라고 조언합니다.

진실한 친구가 지녀야 할 덕목은 분명합니다. 그가 어려움에 처했을 때 보호해 주고, 역경 속에서도 끝까지 곁을 지켜야 합니다. 도움이 필요하다면 기꺼이 베풀고(보시, 布施), 다정한 말을 나누며(애어, 愛語), 이로운 일을 행하고(이행, 利行), 즐거운 일이나 괴로운 일이나 함께해야 합니다(동사, 同事).*

가능하다면 힘닿는 곳까지 물질적으로도 도와주고 잘못된 길로 빠지지 않도록 함께 이로운 길을 걷는 친구, 곤궁한 상황에서는 따뜻한 말 한마디라도 건네고, 좋은 일이든 나쁜 일이든 한결같이 곁에 있어 주는 친구야말로 진정한 벗입니다.

우리 삶에 꼭 많은 친구가 필요한 건 아닙니다. 깊은 속내

---

* 이것은 사섭법(四攝法)의 네 가지, 즉 보시·애어·이행·동사를 현대사회의 관점에서 타인과 진실한 관계를 맺는 방법으로 해석해 본 것이다. 사섭법이란 네 가지로 중생을 거두어 보살피는 일을 말한다.

를 터놓고 이야기할 수 있는 친구 한두 명이면 족합니다. 인생을 살아가는 데 진실한 친구만큼 좋은 벗은 없습니다. 타인과의 원만한 관계는 내 마음을 건강하게 유지하는 데 필수적입니다. 누군가와 갈등을 겪으며 불협화음에 시달리는 상황에서 마음의 평온을 유지하기란 쉽지 않습니다.

이를 위해서는 몇 가지 관계의 원칙을 기억할 필요가 있습니다. 아무리 가까운 사이라도 상대의 마음을 내 마음과 같다고 여겨서는 안 됩니다. 좋은 관계를 오래 지속하려면 서로의 차이를 인정하고 각자의 시야를 확보할 수 있는 '안전거리'가 필요합니다.

만약 관계 문제로 인해 마음이 괴롭다면 가장 먼저 해야 할 일은 자기 자신을 보호하는 것입니다. 무조건 타인에게 맞추려하기보다는 자신을 중심에 두고 문제를 풀어 나가야 합니다.

물론 자기중심적인 태도로 일방적인 요구를 밀어붙여서는 안 되겠지요. 관계는 서로 평등한 사이일 때 오래 지속될 수 있습니다. 무게 중심을 자신에게 두되, 타인과의 사이에서 균형을 잃지 않아야 합니다. 그 균형이 머무는 자리가 곧 조화로운 관계의 지점입니다.

"'나는 친구다'라고 말하면서

도움 주는 행위를 하지 않는 사람

그는 나의 친구가 아님을 알아야 한다."

"'나는 친구다'라고 말하면서

도움 주는 행위를 하지 않는 사람

그는 나의 친구가 아님을 알아야 한다."

차라리
혼자서 가라

묶여 있지 않은 사슴이 숲에서 먹이를 찾아
원하는 곳은 어디든지 가듯이
지혜로운 사람은 자유를 찾아
코뿔소의 뿔처럼 혼자서 가라.

〈코뿔소 뿔의 경〉 39

   누군가와의 문제로 마음이 복잡할 때 핸드폰을 들여다보면 인간관계를 잘 맺는 법을 다룬 콘텐츠들이 눈에 띕니다. 이른바 '꿀팁'도 적지 않지요. 요즘 사람들의 주된 관심사가 어디에 있는지를 잘 보여 줍니다.

   문제를 풀기 위해 애쓰기보다는 "잘 보이려고 노력하지 말라", "타인을 향한 인정 욕구가 스스로를 망친다", "이런 사람과는 당장 관계를 끊어라" 등 단도직입적으로 과감한 '손절(더 이상 관계를 이어가지 않고 단호하게 끊는 것을 의미하는 표현)'을 제안하기도 합니다. 명쾌한 해법에 고개를 끄덕이게 되는 측면도 있지만, 왠지 씁쓸한 마음이 드는 것도 사실입니다. '결국 단절

밖에 없는 걸까…' 하는 생각 말입니다.

사실 부처님의 해법도 크게 다르지 않습니다. 복잡한 관계로 마음을 얽매이기보다는 차라리 "코뿔소의 뿔처럼 혼자서 가라"라고 말씀하시니까요.

어느 날 제자 아난다가 "연각* 부처님들은 어떤 수행을 통해 깨달음을 얻었습니까?"라고 부처님께 물었습니다. 아난다는 부처님의 사촌 동생으로, 출가한 뒤에는 가장 가까운 거리에서 부처님을 모시며 그 곁을 지켰습니다. 우리에게는 아난(阿難)이라는 이름으로 익숙하지요. 이와 같은 아난다의 질문에 부처님께서 답하신 내용이 《숫타니파타》의 〈코뿔소 뿔의 경〉에 41개의 게송으로 담겨 있습니다.

코뿔소 또는 무소. 여러분은 무엇이 떠오르나요? 가장 먼저 떠오르는 이미지는 강인하고 굳센 모습일 것입니다. 큰 몸집에 단단한 피부는 마치 갑옷을 두른 듯하지요. 하지만 사나운 동물은 아닙니다. 초원의 풀과 나뭇잎을 먹는 초식 동물입니다. 번식기에는 짝을 이루어 새끼를 낳고 무리지어 다니지만, 이후

───────────────

★ 연각(緣覺)이란 독각 또는 벽지불이라 부르기도 하는데, 스승의 가르침에 의지하지 않고 홀로 수행하여 깨달은 이들을 말한다. 홀로 수행하며 깨달음을 추구하는 연각(緣覺)과 달리, 부처님의 가르침을 직접 들으며 수행하는 제자들은 성문(聲聞)이라 한다. 여기에 대승 불교의 보살(菩薩)을 합쳐 삼승(三乘)이라 부른다. 중생을 제도하여 열반에 이르게 하는 세 가지 수레라는 뜻이다.

에는 홀로 숲속을 유유히 거닐며 고요하게 지낸다고 합니다.

고대 인도에서는 수행자들이 저마다 고요한 곳을 찾아 유행하곤 했습니다. 가능한 한 마을에서 멀리 떨어진 장소가 바람직했지요. 그들의 수행처를 '아란야(阿蘭若)'라고 부릅니다. 산스크리트어로 araṇya, 팔리어로 arañña에 해당합니다. 주로 나무 아래, 산속 동굴, 묘지처럼 세속의 소란에 방해받지 않는 한적한 곳이 그들의 수행처였습니다.

두 번째 이미지는 코뿔소의 생김새를 자세히 살펴보아야 알 수 있습니다. 인도의 코뿔소는 뿔이 하나만 달려 있다고 합니다. 말하자면 유니콘과 같은 모습이지요. 그러므로 "코뿔소의 뿔처럼"이라는 표현은 코뿔소의 뿔이 하나이듯 '혼자서' 가라는 의미로 보시면 정확합니다.

만약 뿔이 두 개라면 어땠을까요? 경전에서는 금 세공사가 만든 황금 팔찌 두 개가 서로 부딪쳐 쨍그랑 소리를 내는 것에 비유합니다. 두 사람이 함께 있으면 아무리 좋은 사이라도 충돌이 생기기 마련이지요. 옳고 그름을 따지며 말다툼을 하게 되고, 여러 사람이 모이면 그만큼 더 요란해질 수밖에 없습니다. 그래서 부처님은 세상의 부딪힘을 떠나 오롯이 홀로 걷는 길을 권하신 것입니다.

"재가자의 특성들을 버리고 잎이 떨어진 파리찻타 나무처럼,

출가하여 가사를 입고, 코뿔소의 뿔처럼 혼자서 가라(《숫타니파타》, 〈코뿔소 뿔의 경〉 64송)"라고 말하는 대목도 있는 것으로 보아 이 구절은 출가 수행자에게 하신 말씀으로 보는 것이 맞습니다.

자발적으로 은둔의 삶을 선택한 자들이 누리는 홀로됨의 자유이자 독립의 선언이라 할 수 있습니다. 깨달음을 얻고자 집을 떠난 이들이라면 세속의 온갖 속박에서 벗어나야 할 것입니다. 마치 물속의 물고기가 그물을 찢고 빠져나오는 것처럼 말입니다.

─
외로움이 아닌 고요함을 선택하라

세속의 인연을 끊는 일은 결코 쉽지 않습니다. 삭발하고 수행자의 옷을 입었다 해도, 집에 두고 온 아내와 자식을 향한 그리움은 여전히 마음을 괴롭혔을 것입니다. 그 마음을 알아차린 것처럼 부처님은 다독이듯 말씀하십니다.

"자식과 아내에 대한 기대는 넓게 가지를 뻗은 대나무가 얽힌 것과 같다. 대나무 순이 둘러붙지 않듯이, 코뿔소의 뿔처럼 혼자서 가라."

《숫타니파타》, 〈코뿔소 뿔의 경〉 38

부모와 자식, 부부 간의 그리움은 마치 얽히고설킨 대나무 뿌리처럼 쉽게 끊어낼 수 없습니다. 그러나 출가 수행자라면 세속의 인연에 얽매이지 않아야 합니다. 대나무 순이 서로 의지하지 않고 각기 자라나듯, 곧고 단단한 마음으로 오롯이 수행에 정진해야만 합니다. 그 길에서 부처님은 이렇게도 말씀하십니다.

> "만약 확고하고 선한 삶을 사는 지혜로운 친구를 얻는다면, 모든 위험을 극복하고 기쁘게 깨어 있는 마음으로 그와 함께 가라."
>
> 《숫타니파타》, 〈코뿔소 뿔의 경〉 45

〈코뿔소 뿔의 경〉 41개의 게송 가운데 유일하게 "그와 함께 가라"는 말이 등장하는 대목입니다. 지혜로운 친구나 스승과 함께 걷는 길은 든든하고 두려울 것이 없습니다. 문제는, 우리가 함께하는 사람들이 대개 그렇지 않다는 데 있습니다. 견해 차이로 다툼이 일어나기 쉽고, 옳고 그름을 따지며 시비가 끊이지 않습니다. 그러니 부처님은 말씀하신 것입니다. 그런 지혜로운 벗을 얻지 못한다면, 차라리 코뿔소의 뿔처럼 혼자서 가는 것이 낫다고 말이지요.

"코뿔소의 뿔처럼 혼자서 가라."

이 구절의 의미가 모든 속박을 끊어 낸 자의 자유와 독립의 선언이라는 점, 잘 이해하셨나요. 세속의 번잡함을 떠나 홀로 머물라는 권유입니다.

최근 우리의 일상 속에서도 나만의 삶을 선택하려는 경향이 뚜렷해지고 있습니다. '나 홀로 산다', '독고다이' 같은 말들이 유행하는 것을 보면 혼자만의 방식으로 살아가려는 사람들이 점점 늘어나고 있음을 알 수 있습니다. 이는 세상의 번잡함에서 벗어나 자신의 삶을 지키며 독립적으로 살고자 하는 의지의 표현이기도 합니다.

그러나 이러한 선택에는 우려되는 점도 많습니다. 타인과 함께하면서 배울 수 있는 많은 것들을 놓칠 수 있기 때문입니다. 소통과 협력의 감각을 잃어버릴 위험도 있습니다. 무엇보다 관계의 단절로 인해 사회적 고립감과 외로움에 시달릴 수 있습니다. 실존적 외로움은 인간 누구에게나 존재하지만, 그것이 외부와의 단절로 이어지는 고립이 되어서는 곤란합니다.

이 점에서 고독과 고립은 분명히 다릅니다. 자발적으로 은둔을 택한 수행자들은 고독했지만, 고립되지는 않았습니다. 그들의 마음은 평온했습니다. 고독 속에서도 외로움이나 단절감에 시달리지 않았습니다. 그들은 홀로 있는 자유와 내면의 독립을 누리는 긍정적인 고독의 상태에 머물렀습니다.

요즘의 '혼자 사는 삶'이 자유롭고 독립적인 삶에 대한 자발적 선택이라면 괜찮습니다. 하지만 그것이 관계의 괴로움을 피하려는 회피이거나, 원치 않게 고립과 단절을 강요당한 결과라면 걱정스럽습니다. 인간은 본래 사회적 존재이기 때문입니다. 아무리 혼자 살아도 마음 깊은 곳엔 타인과 원만한 관계를 맺고자 하는 바람이 남아 있기 마련입니다.

부처님도 지혜로운 벗이나 스승을 만나거든 "그와 함께 가라"고 말씀하셨습니다. 비록 〈코뿔소 뿔의 경〉 전체에서 단 한 번 등장하는 구절이지만, 그 의미는 결코 작지 않습니다. 대부분의 경우 그러한 벗을 만나기 어렵기 때문에, 차라리 "코뿔소의 뿔처럼 혼자서 가라"라고 하신 것이겠지요.

홀로 있다고 해서 반드시 외로운 것도 아니고, 여럿과 어울린다고 해서 외롭지 않은 것도 아닙니다. 중요한 것은 홀로 있든 함께 있든 평온한 마음을 지킬 수 있는가입니다. 수행자의 마음은 외로움이나 단절감에 흔들리지 않습니다. 자신의 삶을 스스로 이끄는 자유로움 속에는 언제나 평온이 함께해야 합니다.

"지혜로운 사람은 자유를 찾아

코뿔소의 뿔처럼 혼자서 가라."

"지혜로운 사람은 자유를 찾아

코뿔소의 뿔처럼 혼자서 가라."

타인과
비교하지 마라

누구든 자신을 동등하다거나
우월하다거나
열등하다고 생각하는 사람은
그것 때문에 다툴 것이다.

〈마간디야의 경〉 842

세상의 모든 사람이 가족으로부터 가장 듣기 싫은 말은 비교하는 말이 아닐까요? "옆집 남자는 설거지도 잘하고, 밥도 잘해 준다네…", "누구는 생일 선물로 무엇을 받았다더라…", "이번 휴가에는 어디를 다녀왔다더라…" 시시때때로 다른 집 이야기를 꺼내는 동안 누군가의 얼굴은 점점 굳어 갑니다.

비교는 아이에게도 예외가 아닙니다. 학교에서 돌아온 아이가 "엄마, 나 오늘 100점 맞았어!" 하고 신나게 말하면, 엄마는 "아이쿠, 잘했네!" 하고 칭찬하다가도 꼭 한마디 덧붙입니다. "그런데 다른 아이들은? 100점 맞은 애 없었어?"

다른 아이들도 만점을 받았다면 그 점수는 그다지 특별하지 않다는 뜻이지요. 언제나 유일한 1등일 때만 진짜 승자임을 깊이 새기게 됩니다. 본인은 정작 다른 집 누군가와 비교당하는 걸 끔찍이 싫어하면서도, 배우자나 아이는 거리낌 없이 비교합니다.

요즘 SNS, 특히 인스타그램 같은 곳엔 정말 행복해 보이는 사람들이 넘쳐 납니다. 고급 레스토랑의 조명 아래 반짝이는 음식, 이국적인 여행지의 선명한 사진 들, 하나같이 충만한 행복감으로 반짝반짝 빛나 보입니다. '남들은 다 저렇게 사는구나' 싶다가 '나는 왜 이렇게 사는 걸까' 하며 괜스레 내 삶이 궁색하게 느껴집니다.

최근 연구는 SNS가 개인의 심리에 얼마나 큰 영향을 미치는지를 보여 줍니다. 미국 대학생을 대상으로 페이스북 사용 전후의 정신 건강 상태를 비교한 결과 우울증과 불안 장애가 증가했고, 특히 우울감이 뚜렷하게 심화되는 경향이 나타났습니다. SNS 속 타인과의 일상적인 비교가 개인의 심리 상태에 부정적인 영향을 준 것입니다.

남과 비교하지 않고 속 편히 살고 싶다면 인지심리학자인 아주대 김경일 교수의 "타인의 하이라이트와 자신의 비하인드를 비교하지 마라"라는 말을 떠올려 봐야 합니다. 행복의 정점에 서 있는 듯한 타인의 '하이라이트 장면'들을 보며 스스로를 불행하다고 느낄 필요는 없습니다. 그들이라고 항상 행복할까요? 아마도 아닐 겁니다. 보이는 모습과 실제 삶은 다릅니다.

마찬가지로 나의 삶의 이면도 그렇습니다. 만족스럽지 못했던 순간들을 타인은 알지 못하고, 나 역시 언제나 그런 상태에 머물러 있었던 것도 아닙니다. 그럼에도 늘 그래왔던 것처럼 내 삶을 초라하고 누추하게 여기는 것, 그것은 결코 지혜로운 마음이 아닙니다.

—
잘났다는 생각도 못났다는 생각도 버려라

그렇다면 부처님의 해법은 무엇일까요? 요즘처럼 SNS를 통한 비교는 없었지만, 당시 수행자들 사이에서도 타인과의 비교로 인한 괴로움은 적지 않았던 모양입니다.

《숫타니파타》의 〈마간디야의 경〉에서는 "누구든 자신을 동등하다거나 우월하다거나 열등하다고 생각하는 사람은 그것 때문에 다툴 것이다"라고 말하고 있습니다. 이 세 가지 생각에 흔들리지 않는 사람은 더 이상 '뛰어나다', '동등하다', '뒤떨어진다'라는 식의 분별을 하지 않게 됩니다. 인간은 언제나 '나'를 중심에 두고 생각하려는 경향이 있습니다. 나를 기준으로 한 자아 관념이 온갖 의식을 만들어 내지요.

'나는 우월하다'라는 마음은 곧 자기과시, 교만, 자만으로 이어지기 쉽습니다. 자신의 집안이나 출신, 재산이나 학식을 자랑하며 "내가 누군지 알아?"와 같은 말을 거리낌 없이 내뱉습니다. 일상 속에서도 끊임없이 자신을 드러내려 하고, 타인의 반응을 통해 그 사실을 확인받고자 합니다. 뜻대로 되지 않을 때는 버럭 화를 내기도 합니다.

반대로 '나는 그렇지 못하다'라는 자기비하의 마음은 삶을 소극적으로 살게 하고, 자신을 더욱 초라하게 만듭니다. 타인의 얼굴과 말투 하나하나에 과도하게 반응하며, 내가 어떻게 비칠지 지나치게 신경 쓰게 됩니다. 사실, "내가 뭘…"이라며 자신을 낮추는 말 뒤에는 '나도 잘하고 싶다'라는 욕망이 숨어 있습니다. 남들보다 더 나아지고 싶다는 내면의 욕구가 오히려 자기비하의 말과 행동으로 나타나는 것이지요.

'나는 남들과 동등하다'라는 생각은 별문제 없어 보이지만, 그 안에도 여전히 비교의 잔재가 남아 있습니다. '이 정도면 남들만 못하지 않지', '남들만큼은 했잖아' 하는 생각 역시 비교의 마음이 작동한 결과입니다.

지혜로운 사람에게는 우월감도, 열등감도, 동등하다는 생각도 없습니다. 그의 마음은 그냥 그대로 평온합니다. 타인의 칭

찬이나 비난에 흔들리지 않지요. 칭찬을 듣는다고 우쭐대지
않고, 비난을 듣는다고 해서 노여움이 생겨나지 않습니다. 아
시다시피 우쭐함은 곧 괴로움의 원인이 됩니다. 교만과 자만
이 그의 마음을 지배하게 되지요. 마찬가지로 분노 또한 괴로
움의 원인이 됩니다. 마음을 원한과 적개심으로 채우게 되기
때문입니다.

그래서 《법구경》의 〈안녕품〉에서는 이렇게 말합니다.

"승리하면 원한을 품은 사람이 생겨나고, 지고 나면 스스로에 대한
자괴감에 빠진다. 이기고 지는 마음 모두 떠나서 다툼이 없으면 스
스로 편안하다."

촌철살인의 한 구절 아닙니까? 내가 승리하는 동안 누군가
는 패배감에 고통받고 있습니다. 반면, 경쟁에서 지게 되면 오
래도록 자괴감에 시달리게 됩니다. 패배를 곱씹으며 마음속
수렁을 헤매게 되지요. 진정한 승자는 이기고 지는 일에서 자
유로운 사람입니다. 그는 걸림 없이 자신의 길을 걸어갑니다.
평화롭고 평온한 마음이 그와 함께하지요.

올림픽 경기에서 금메달을 거머쥔 세계 최고의 승자가 상대
방 선수와 나누는 악수에는 경기에서 이긴 사람의 우월감이나

자만심을 볼 수 없습니다. 패배한 선수가 승리한 선수를 안아 주는 모습에는 경기에서 진 사람의 열등감이나 자괴심 따위가 묻어 있지 않습니다. 두 장면 모두 그래서 아름답습니다. 승리와 패배를 넘어 함께 땀 흘려 싸운 상대방을 향한 존중과 감사의 마음이 담겨 있기 때문입니다.

　칭찬에도 비난에도 흔들리지 않는 것, 심지어 동등하다는 생각조차 갖지 않는 것, 이것이 부처님이 말씀하신 슬기로운 마음생활의 해법입니다.

"우월하다거나

열등하다고 생각하는 사람은

그것 때문에 다툴 것이다."

"우월하다거나

열등하다고 생각하는 사람은

그것 때문에 다툴 것이다."

말로 쌓은 업이
스스로 지옥문을 연다

✤

사람은 태어날 때
입 안에 도끼를 가지고 나온다.
어리석은 자는 나쁜 말을 하며
그 도끼로 자신을 찍는다.

〈코칼리야의 경〉 657

'내 입 안에 도끼가 있다고?' 하며 놀란 이들이 많겠습니다. 〈코칼리야의 경〉에 나오는 한 비구의 이야기입니다. 이야기의 주인공 코칼리야는 데바닷타(경전에 따르면 부처님의 사촌 동생이자 아난다의 친형이라고 함)의 제자였다는 설도 있고 친구였다는 설도 있습니다. 한 부호의 아들로 설명하기도 하는데, 어느 날 그가 머물던 사원에 두 사람이 찾아오는 데서 사건은 시작됩니다.

부처님의 위대한 제자 사리풋타와 목갈라나가 우기를 보내기 위해 그가 머물던 사원에 찾아왔습니다. 사리풋타와 목갈라나는 우리에게 사리불과 목건련으로 익숙한 인물들입니다.

조용히 지내기를 원했던 두 사람은 자신들이 사원에 머무는 것을 아무에게도 알리지 말아 달라고 부탁했습니다.

우기가 끝나자 코칼리야는 두 사람이 머무는 사실을 주민들에게 알려 주었습니다. 이를 알게 된 주민들은 버터와 사탕과 의복 등을 사리풋타와 목갈라나에게 공양했습니다. 하지만 두 사람은 공양받은 것들을 정중히 거절했습니다. 한편, 공양물이 자신에게도 올려지길 바랬지만 받지 못한 코칼리야는 "스스로 취하지도 않고 나에게 주지도 않는다"라고 투덜댔습니다.

그 뒤 사리풋타와 목갈라나는 여러 나라를 유행하다가 돌아왔습니다. 두 사람에 대한 존경으로 주민들은 많은 공양물을 올렸고, 이번에는 그 공양물을 모두 받아 승단에 나누어 주었습니다. 그러자 코칼리야는 '예전에는 받지 않던 공양물을 이제 와서 탐욕에 이끌려 받는구나'라고 생각하며, 사리풋타와 목갈라나를 비난하기 시작했습니다. 그는 부처님을 찾아가 다짜고짜 소리쳤습니다.

"부처님, 사리풋타와 목갈라나는 악한 욕망에 지배되고 있습니다!"

부처님께서는 조용히 말씀하셨습니다.

"그렇게 말하지 말아라. 그들은 바른 행실을 하는 사람들이다."

그러고는 코칼리야를 돌려보내셨지만, 그는 두 번, 세 번 다시 찾아와 두 사람을 향한 비난을 멈추지 않았습니다.

그 일이 있고 얼마 지나지 않아, 코칼리야의 몸에 겨자씨만한 종기가 돋기 시작했습니다. 곧 온몸으로 퍼지며 피와 고름이 솟아났고, 결국 그 병으로 목숨을 잃게 되었습니다. 그는 죽은 뒤 지옥에 떨어졌다고 전해집니다. 어떻게 아느냐고요? 그가 죽던 날 밤에 범천(梵天)이 내려와 부처님께 그 사실을 전해 주었다고 합니다.

지옥에는 여덟 가지 뜨거운 지옥과 여덟 가지 추운 지옥, 즉 팔열팔한(八熱八寒)의 지옥이 있습니다. 코칼리야가 떨어진 홍련(紅蓮) 지옥은 극심한 추위로 몸이 얼어 터져서 연꽃처럼 된다고 하여 그처럼 부릅니다. 홍련 지옥에서의 수명은 한 수레 분량의 참깨가 있다고 할 때 100년마다 참깨 한 알씩을 꺼내서 모두 없어지는 시간 동안이라고 합니다. 이 지옥에 떨어진다면 그 고통의 시간이 너무나도 길어서 참으로 벗어날 길이 아득하다 하겠습니다.

비구 코칼리야는 사소한 불만으로 증오의 마음을 품고 누군가를 비난했기 때문에 지옥에 떨어졌습니다. 그러니 내 입 안에 도끼가 있는 것을 알아 말을 조심하고 또 조심해야 합니다. 나쁜 말은 상대방을 찍을 뿐 아니라, 결국은 자기 자신을 찍게 됩니다. 한 주먹의 모래를 던지면 바람을 거슬러 결국 내게 되돌아오듯 말입니다.

—
나와 타인을 해치는 입 안 속 도끼

다른 사람을 이유 없이 비방한 탓에 지옥에 떨어졌다는 코칼리야 이야기는 그저 옛날이야기가 아닙니다. 오늘날 SNS에는 근거 없는 비방이나 험담이 넘쳐 납니다. 익명성 뒤에 숨어 상대방의 괴로움을 마치 즐기는 듯합니다.

특히 연예인처럼 유명세와 인지도 있는 사람에게 쏟아지는 근거 없는 루머나 악성 댓글이 얼마나 많습니까? 집단적인 분위기에 휩쓸려 마녀사냥식 여론몰이가 벌어지는 일도 드물지 않습니다. 개인의 명예를 실추시키는 경우 명예훼손죄나 모욕죄 등으로 처벌하고 있음에도, 악의적인 댓글은 좀처럼 사라지지 않습니다.

최근에는 참사 피해자 가족들에게 악의적인 야유와 조롱을 퍼붓는 일도 자주 발생합니다. 신원을 드러내지 않고 글을 쓸 수 있다는 이유로 유가족에 대한 가짜 뉴스를 유포하는 일도 흔합니다. 그로 인해 유가족은 고통과 슬픔에 더해 모욕까지 감당해야 하고, 아예 피해 사실을 숨긴 채 살아가야 하는 경우도 생깁니다.

그들에게 필요한 것은 위로와 연대이건만, 상처에 소금을 뿌리는 말들 앞에 우리는 종종 할 말을 잃습니다. 재난이나 참사는 누구에게나 일어날 수 있습니다. 언제든 나 자신에게도 일어날 수 있는 일이라고 생각한다면 결코 그렇게 행동할 수 없을 것입니다.

상대방을 비방하거나 상처 주는 거친 말 이외에도 말로 짓는 악업에는 거짓말, 험한 말, 속이는 말, 이간질하는 말 등이 있습니다. 했으면서도 하지 않았다고 부인하는 말, 하지 않고도 했다고 떠벌리는 말, 비난받을 만한 사람에게 도리어 아부하는 말, 칭찬받을 만한 사람을 오히려 비난하는 말, 이 모든 것이 불교에서 말하는 구업(口業), 즉 말로 짓는 업에 해당합니다.

따라서 말을 할 때는 늘 신중해야 합니다. 내 말이 상대방에게 어떻게 들릴지 먼저 생각하고 말해야 합니다. 한 번 내뱉은 말은 주워 담을 수가 없습니다. "기분 나쁘게 듣지 마", "너를 위해 하는 소리야" 등과 같은 말로 자신의 말을 정당화해서도 안 됩니다. 상대방은 이미 마음 깊숙한 곳에 상처를 입었을지도 모릅니다.

그보다는 공감과 위로가 되는 말을 건넵시다. "그랬구나" 하며 고개를 끄덕이며 건네는 한마디가 상대방에게 큰 위로가 됩니다. '말 한마디로 천 냥 빚도 갚는다'라고 하지 않습니까?

티벳에 불교를 전한 아티샤 스님은 이렇게 말씀하셨습니다.

"여러 사람과 같이 있을 때는 자신의 입을 살피고 혼자 있을 때는 자신의 마음을 살피라."

두고두고 마음에 새겨야 할 말입니다. 내 입 안에 도끼가 있다는 사실을, 그리고 그 도끼가 나와 타인을 다치게 할 수 있다는 것을 잊지 맙시다.

"어리석은 자는 나쁜 말을 하며

그 도끼로 자신을 찍는다."

"어리석은 자는 나쁜 말을 하며

그 도끼로 자신을 찍는다."

편견의 그물에 걸린 자는
날 수 없다

사람은 자신의 견해 속에 머물면서
이것이 최고라고 여기며
다른 것은 열등하다고 말한다.
그러므로 논쟁에서 벗어날 수 없다.

〈으뜸에 대한 경〉 796

시시비비를 잘 따지는 사람을 보고 우리는 흔히 똑똑하다고
합니다. 이성적으로 냉철하게 세상을 꿰뚫어 본다는 뜻이겠지
요. 똑똑한 사람과 함께 있으면 편안합니다. 알아서 판단해 주
니까요. 하지만 그 사람이 항상 옳은 것은 아닙니다. 때로는
틀린 말을 하기도 하고, 당연히 보아야 할 것을 보지 못하는
경우도 있습니다. 아무리 똑똑한 사람도 자기 발밑은 보지 못
하는 법이니까요.

자신이 모든 것을 안다고 생각하는 것은 매우 위험한 일입니
다. "내가 아는 범위 안에서"라고 한정지어 말하는 것이 비교
적 정확합니다. 소크라테스가 "너 자신을 알라"라고 말한 것은

원래 자신의 무지(無知)를 인식하라는 뜻이었다고 합니다. 정작 자신의 무지는 알지도 못하고서 모든 것을 아는 듯 말하지 말라는 철학자다운 성찰이지요.

'장님 코끼리 만지듯'이라는 말이 있습니다. 장님에게 코끼리를 만져 보고 어떻게 생겼는지 말해 보라고 하면, 몸통을 만진 사람은 "단단한 벽 같다", 다리를 만진 사람은 "기둥처럼 생겼다", 코를 만져 본 사람은 "기다란 관처럼 생겼다"라고 말합니다. 각자 만진 부분에 따라, 자기가 느낀 대로 말하게 됩니다.

누구나 자신의 방식대로 외부 세계를 인식하고, 결국 '내가 본 것', '내가 아는 것'만이 맞다고 생각하기 쉽습니다. 장님의 비유는 제대로 보지 못하면서 자신의 좁은 식견으로 판단하는 어리석음을 꾸짖고 있습니다. 일부만 알고 있을 뿐인데, 전체를 아는 양 오해하지 말라는 것입니다.

기원전 5~6세기경 인도에서는 갠지스강 주변으로 수많은 수행자와 사상가가 모여들었습니다. 그들은 인도의 정치·사회·문화를 지배하던 브라만 전통과 단절하고 그들에 대항하며 인간 자신의 자유로운 철학적 사색에 몰두했습니다. 당시로는 놀랍도록 혁신적인 사상이었고, 그로 인해 종교와 철학의 시대를 꽃피우게 됩니다. 불교 또한 바로 이 시기, 다양한 사상들과의 논쟁과 토론 속에서 태어났습니다.

당대를 풍미했던 몇 가지 철학적 주장들을 살펴보면, 이 세상이 존재하게 된 이유가 우주의 원리인 브라흐만(Brahman)으로부터 흘러나왔다고 보는 '전변설(轉變說)'과, 여러 요소의 결합으로 생겨났다고 보는 '적취설(積聚說)'이 서로 대립하고 있었습니다. 전변설이 신과 같은 초월적 존재에 의한 창조설에 해당한다면, 적취설은 오늘날의 자연과학이나 유물론에 가까운 사고방식입니다.

인간의 운명과 관련해서도 의견이 갈렸습니다. 태어날 때부터 운명이 정해져 있다고 믿는 '숙명론(宿命論)'과, 모든 일은 우연히 벌어지는 것일 뿐이라는 '무인론(無因論)'이 팽팽히 맞섰고, 진리를 정확히 인식하는 것은 원천적으로 불가능하다고 보는 '불가지론(不可知論)'도 등장했습니다. 해탈에 이르는 길로는 선정을 통해 마음을 다스리는 이들이 있었고, 극심한 고행을 선택하는 이들도 있었습니다.

문제는 저마다 자신들이 지키는 수행 전통과 계율을 통해서만 진리를 볼 수 있다고 주장했다는 점입니다. 어떤 이는 "오직 여기에 청정함이 있다", "이것만이 진리이다"라고 말하며 다른 가르침은 그렇지 않다고 말했습니다. 다른 스승의 가르침은 잘못된 견해라고 하니 싸움과 다툼이 끊일 날이 없었습니다. 논쟁에서 이긴 사람은 세상의 명성을 얻고 칭송받았지만, 패배한 사람은 울음을 삼키며 마을을 떠나야 했습니다.

모르는 것을 인정하는 용기

예나 지금이나 시대를 불문하고 사람들은 자기는 옳고 타인은 그렇지 않다고 믿는 경향이 있습니다. 내가 본 것이 옳고 확실하다는 생각에 사로잡히는 것입니다. 그 생각이 너무나 확고해서 다른 이의 견해는 들어 보려고 하지 않습니다.

최근 우리 사회에서도 진보와 보수의 정치적 대립이 극단적인 양상을 보이고 있습니다. 똑같은 사건을 두고도 양쪽의 해석은 극과 극으로 다릅니다. 각자 자신의 주장이 '팩트(fact)'라고 하지만, 그 사실 여부는 따져 보려고 하지 않습니다. 다른 이의 주장은 무조건 잘못된 것이라고 단정하고 귀를 닫아 버립니다. 양쪽 모두 극단으로 치달으니 사건의 진실을 맞추는 조각 하나를 어디서부터 찾아야 할지조차 막막할 지경입니다.

부처님이 살아계시던 시절에도 세상은 시끄럽고 다툼이 많았을 것입니다. 수행자들 사이에서도 "내 수행이 옳다", "이것이 진리다" 하며 자신들의 견해를 주장했을 것입니다.

부처님께서는 고통의 소멸에 도움이 되지 않는 모든 주장과 관념을 '희론(戱論, prapañca)'이라고 잘라 말합니다. 희론이란 '허망한 말', '헛된 논의'라는 뜻입니다. 우리 주변에서 일어나는 모든 현상(제법, 諸法)의 실상을 제대로 알지 못하는 까닭에 이런저런 분별을 손가락 펼치듯 늘어놓게 된다는 것이지요.

불교의 지혜는 내면 세계와 외부 세계를 분리하여 바라보는 분별을 뛰어넘는 통찰입니다. 따라서 모든 희론에서 벗어난 자만이 잘못된 견해와 망상, 교만에서 벗어날 수 있습니다. 어떤 견해의 그물에도 걸리지 않는 자유로운 존재, 그가 바로 진정한 해탈과 열반의 경지에 도달한 이입니다.

"소리에 놀라지 않는 사자처럼,

그물에 걸리지 않는 바람처럼,

진흙물에 더러워지지 않는 연꽃처럼."

성스러운 이는 자유롭습니다. 두려워할 대상이 없고, 비난의 대상이 되지도 않습니다. 자신의 견해를 세워 고집하지 않기에 다른 견해를 지닌 사람들과 다툴 일이 없고, 쓸데없는 논쟁으로 시간을 허비할 이유도 없습니다.

숲속에서 동물의 왕 사자가 바스락거리는 소리에 놀랄 일이 있겠습니까? 또, 사나운 이리나 승냥이의 울음소리가 두려울

리 있겠습니까? 사자는 언제 어디서든 당당히 사자후(獅子吼)를 토할 것입니다.

물고기와 새는 그물에 걸릴 수 있지만, 바람은 어떤 그물에도 걸림 없이 지나갈 수 있습니다. 바람처럼 자유로운 영혼은 어딘가에 가로막히는 일이 없습니다. 또한, 연꽃은 진흙물 속에서 자라면서도 맑고 아름다운 꽃을 피워 냅니다. 세상의 더러움에 조금도 물들지 않았기 때문입니다.

내가 보고 느낀 것, 내가 알고 있다고 여기는 것이 이 세상의 전부라는 생각으로 살아간다면 타인과의 다툼이나 논쟁을 피할 수 없습니다. 나의 지식이 세상 모든 것의 지식이 될 수 없고, 내가 얻은 진리가 유일한 진리가 될 수는 없습니다. 그러니 내가 얻은 지식이나 진리를 맹신하지 말아야 합니다. 그 길은 결국 독선과 아집으로 이어지게 될 것입니다.

결국 진정한 지혜는 내가 모든 것을 알고 있지 않다는 사실을 아는 것, 아직 모르는 것이 많다는 것을 인정하는 데서 시작하는 것이 아닐까요?

"사람은 자신의 견해 속에 머물면서

이것이 최고라고 여기며

다른 것은 열등하다고 말한다."

"사람은 자신의 견해 속에 머물면서

이것이 최고라고 여기며

다른 것은 열등하다고 말한다."

'보시' 없이는
깨달음도 없다

❁

엄청나게 많은 재물과 황금,
먹을 것을 가진 사람이
그것을 혼자서 독식한다면
이것은 파멸의 문이다.

〈파멸의 경〉 102

불자(佛子)로 살아가는 길이 깨달음을 추구하는 데만 있는 것
은 아닙니다. 오직 참선이나 명상 수행에 있다고 생각하면 곤
란합니다. 부처님은 나눔과 베풂을 실천하는 삶이야말로 선하
고 아름다운 삶이라고 말씀하셨습니다. 고통에 처한 누군가를
외면하지 않는 것은 불자의 의무입니다. 고통받는 이를 외면
하지 않는 마음, 타인을 돌보는 선한 마음이 함께할 때 비로소
우리 내면에도 평화가 깃들게 됩니다.

이러한 까닭에 보시(布施)의 공덕은 경전 곳곳에서 반복해서
강조됩니다. 주로 타인에게 베풀고 나누는 행위가 현생에서
좋은 과보를 부르며 내생에서 신들의 세계에 머물게 한다고

설하고 있습니다. 특히 나라 안에 외로운 이나 노인이 있거든 마땅히 물건을 주어 구제하라는 가르침도 전해집니다.

부처님은 아낌없이 베풀었던 급고독(給孤獨) 장자를 '보시 제일'이라 칭찬했습니다. 당시 인도에는 상업 경제가 발달하면서 상당한 부를 축적한 자산가들이 많았는데, 급고독 장자 역시 코살라국의 큰 부호였습니다.

그는 남에게 나누기를 좋아해 수닷타('외로운 이에게 음식을 보시하는 자'라는 의미)라는 이름으로 불렸고, 부처님이 설법을 행한 장소로 유명한 기원정사(祇園精舍)를 세운 인물로도 잘 알려져 있습니다. 기원정사는 기원전 5~6세기경 인도의 마갈타국 기타 태자의 숲을 기증받아 급고독 장자가 사찰로 조성한 곳입니다. 그래서 '기수급고독원(祇樹給孤獨園)'이라고 부르기도 하지요. 그곳에서는 매일 홀아비, 과부, 고아, 노인과 같이 외롭고 가난한 사람들을 위해 음식을 베풀었다고 합니다.

—

재물은 함께 나눌 때 빛난다

《숫타니파타》의 〈파멸의 경〉에서는 "엄청나게 많은 재물과 황금, 먹을 것을 가진 사람이 그것을 혼자서 독식한다면 이것은 파멸의 문"이라고 말합니다. 보시하기를 꺼리는 부자들을 향한 강한 질타입니다.

물론 자신이 얻은 재화는 자신과 가족의 생활을 위해 쓰여야 하겠지만, 거기서 그쳐서는 안 됩니다. 그 재물이 하인이나 고용인의 노동을 통해 얻어진 것이고 지역 사회를 상대로 벌어들인 것이라면, 그만큼 사회를 위해 나누고 공헌해야 할 책임도 함께 따릅니다.

또 다른 초기 경전인 《법구경》에서도 다음과 같이 말하고 있습니다.

"참으로 인색한 자들은 신들의 세계에 가지 못한다. 어리석은 자들은 보시를 칭찬하지 않는다. 그러나 현명한 이는 보시를 기뻐하며, 그것으로 인해 그는 내세에 편안해진다."

타인에게 베푸는 보시의 공덕은 재가자의 경제 생활에 있어 반드시 지켜야 할 덕목 가운데 하나였습니다. 보시나 자비행이 따르지 않는 재물의 축적은 오히려 자신을 욕망의 속박에 얽어매고 또 다른 고통을 불러옵니다.

지혜롭게 사용하는 물질적 재화는 궁핍의 괴로움을 덜어 내는 데 도움을 주지만, 지혜 없이 사용되는 재화는 근심과 괴로움을 더할 뿐입니다. 재물은 자신과 타인 모두를 위해 이롭게 쓰일 때에만 행복을 부릅니다. 나 혼자 누리는 부의 축적은 오래 유지될 수 없거니와 진정한 행복으로 이어지지도 않습니다.

이 대목에서 경주의 만석군 최부잣집 이야기가 떠오릅니다. 경주에서 400년 동안 대를 이어 부를 유지했던 경주 최씨 가문은 "사방 백 리 안에 굶어 죽는 사람이 없게 하라"라는 가훈을 지켜 온 것으로 유명합니다.

현종 신해년(1671년) 삼남 지역에 큰 흉년이 들었을 때, 경주 최부자 최국선은 집 바깥마당에 큰 솥을 걸어 놓고 매일같이 죽을 끓여 굶주린 이들에게 나누어 주었다고 합니다. '모두가 굶어 죽게 생겼는데 나 혼자 재물을 간직해 무엇하랴'라는 생각이었습니다. 그는 곳간을 헐어 쌀을 나누었고, 춘궁기나 보릿고개를 지날 땐 창고에 바닥이 날 때까지 베풀었습니다.

"인심을 잃으면 부자 가문은 죽는다"라는 말처럼, 최부잣집은 이웃과 노비들의 노동력이 없었다면 그 넓은 땅을 일굴 수도, 새로운 농지를 개간할 수도 없다는 사실을 잘 알고 있었습니다. "흉년이 들었을 때는 땅을 사지 말라"라고 가르친 것은 가장 인상적인 대목입니다. 남의 눈물과 불행을 모른 체하고 재산 늘리기에 나서서는 안 된다는 분명한 태도를 볼 수 있습니다.

아흔아홉 냥 가진 사람이 한 냥 가진 사람의 재물을 탐내는

것이 부자들의 속성이라고 하는데, "재산은 만석 이상 모으지
말라"라고 가르친 최부잣집의 가훈은 진정 슬기로운 부자의 길
이 무엇인지를 보여 줍니다. 지나치게 많은 재물은 오히려 화
(禍)의 근원이 된다는 것을 자손들에게 가르쳤던 것입니다.

베풂은 부자들만이 할 수 있는 일이 아닙니다. 자신이 배우
지 못한 것이 한스러워하던 김밥 할머니가 자신의 전 재산을
대학에 기부한 일도 있습니다. 시장 한켠의 노점상, 가사도우
미로 힘들게 모은 돈을 조용히 기부하는 노인분들도 많습니다.
신문 한구석을 장식하는 그분들의 미담은 보는 사람의 마음을
훈훈하게 합니다.

대부분 젊은 시절에 자신도 어려움을 겪었고, 그때 누군가의
도움 덕분에 살아갈 힘을 얻었노라고 말합니다. 잠시의 손길이
었지만, 그 따뜻한 마음을 평생 잊지 않고 기억하며 자신보다
더 어려운 이들에게 기꺼이 내어 주는 삶을 살아가고 있는 것
입니다.

나는 얼마나 다른 이에게 나누고 베푸는 삶을 살았을까요.
부끄러운 마음을 금할 길이 없습니다. 베풂은 가진 이의 몫이
기보다, 깨어 있는 마음의 몫입니다. 작은 나눔도 실천하는 삶
이 결국 나를 이롭게 하고 세상을 따뜻하게 만듭니다. 베풀고
나누는 삶, 작게라도 오늘부터 시작해 보면 어떨까요?

"혼자서 독식한다면

이것은 파멸의 문이다."

"혼자서 독식한다면

이것은 파멸의 문이다."

3장

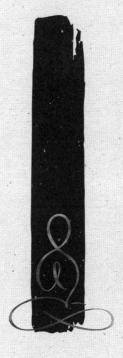

"마음을 쓰는 데
치우침이 없는가"

인생을 대하는 중도의 자세

재앙은
어디서 시작하는가

❀

토지, 재산, 금, 소, 말, 노비 등
여러 가지를 탐내는 사람은
위험과 재난이 그를 따른다.
마치 부서진 배에 물이 스며들듯이.

〈감각적 쾌락에 대한 경〉 769~770

원시 시대의 인류는 수렵과 채집을 통해 생명을 유지했습니다. 혼자 다니는 것은 사나운 야생 동물의 먹잇감이 되기 쉬웠기 때문에, 사람들은 자연스럽게 무리를 이루어 집단을 형성할 수밖에 없었습니다. 사냥에 나설 때도 혼자만의 힘으로는 역부족이었고, 누군가와 함께하는 협력이 필수적이었습니다.

인간의 사회적 본능은 단지 정서적인 차원을 넘어, 생존의 문제와 직결되어 있었던 것입니다. 획득한 자원은 공동체 안에서 곧바로 소비되거나 고르게 분배되었고, 이러한 사회를 '원시 공동사회'라고 부릅니다.

정착 생활이 시작되고 농경과 목축이 가능해지면서 인류의 삶에는 커다란 변화가 생겨납니다. 자연에서 자란 것을 채집하던 단계에서, 노동을 통해 식량을 생산하는 단계로 전환된 것입니다. 농사에 쓰이는 돌도끼는 보다 날카롭고 정교하게 만들어졌고, 바깥일을 담당하는 남성의 역할이 강조되면서 가족 형태에도 변화가 나타납니다. 여성은 육아와 가사를 전담하는 분업 구조가 자리 잡게 됩니다.

이제 사람들은 먹고 남은 식량을 저장하고, 가축과 주거 공간을 소유하기 시작했습니다. 이른바 사적 소유의 개념이 생겨난 것입니다. 사유 재산이 발생하면서 이를 관리할 역할이 필요해졌고, 그 권한은 주로 아버지에서 아들로 세습되었으며, 결과적으로 남성 중심의 가부장제가 확립되었습니다.

더불어 공동체 내에서 보다 많은 권력을 가진 사람이 등장하게 되었고, 다른 사람을 지배하는 계급사회가 형성됩니다. 집단과 집단 사이에서는 싸움과 약탈이 벌어졌고, 씨족사회와 부족사회를 거쳐 국가가 출현한 이후에는 잔인한 침략 전쟁도 빈번해졌습니다.

이것이 원시사회를 살았던 인류의 역사입니다. 공동체의 협력과 공동 소유가 생존의 필수 조건이던 시대에서, 사적 소유의 세습으로 전환된 인간의 삶은 결국 계급사회와 약탈 전쟁으로 이어졌던 것입니다.

언제부터 우리는 '내 것'을 원했을까

불교 경전에서도 아주 먼 옛날 인간 삶의 모습과 그 유래에 대한 설명을 찾아볼 수 있습니다. 《세기경》에 따르면, 태초의 사람들은 본래 광음천(光音天)에 사는 천인과 같은 존재였습니다. 그들은 말소리 대신 입에서 맑고 깨끗한 빛이 났고, 몸에서도 빛이 흘렀으며, 허공을 자유롭게 날아다니며 기쁨과 즐거움을 음식 삼아 오래도록 살았다고 합니다.

그러던 어느 날, 그들은 땅속에서 자라난 '지미(地味)'를 발견하게 됩니다. 지미는 끓인 우유 위에 생긴 막처럼 생겼고, 정제된 버터기름 같은 색을 띠었으며, 순수한 벌꿀과 같은 맛이 났습니다. 사람들은 지미의 맛을 보고 앞다퉈 먹기 시작했습니다. 바로 이때가 처음으로 단단한 음식(단식, 段食)을 먹게 된 순간이었습니다. 그 결과 몸은 점점 무거워지고, 밝은 빛도 사라졌으며, 허공을 나는 능력 역시 사라졌습니다.

얼마 지나지 않아 지미는 모두 사라졌고, 말라서 떡처럼 된 '지피병(地皮餅)'이 생겨났으나 이마저도 곧 사라졌습니다. 이후 포도 넝쿨과 같은 것이 나타났지만 역시 사람들이 경쟁적으로 먹어 치워 없어졌습니다.

그 다음에 생겨난 것은 향기 나는 벼(香稻)였습니다. 속껍질과 겉껍질이 없고, 아침에 베어도 저녁이면 다시 자라는 신비한 쌀이었습니다. 하지만 이 역시 땅에서 자란 거친 음식이었기 때문에 소화되고 남은 찌꺼기가 몸에 남았고, 이를 배출하기 위한 대소변의 기관이 생겨나게 됩니다.

당시 사람들은 향기 나는 벼를 먹고 싶을 때 먹었을 뿐, 저장하여 쌓아 둘 필요가 없었습니다. 언제든지 새롭게 자라났기 때문이지요. 그 결과 점차 품성이 게으른 사람들이 나타났습니다. 그들은 저녁거리를 가져올 때 아침거리까지 한꺼번에 가져와도 되겠다고 생각했습니다. 어떤 이들은 사흘 치 나흘 치를 베어 와서 쌓아 두었습니다. 다른 사람들은 그보다 더 많은 벼를 가져와서 쌓아 두기를 원했습니다.

그러니 다툼이 생겨날 수밖에 없었습니다. 저마다 내 것을 챙기려는 욕심으로 마음껏 베어서 저장했고, 결코 만족하는 법이 없었습니다. 궁리 끝에 사람들은 다 같이 밭을 나누어 경계를 만들기로 했습니다. 밭둑을 만들어 다른 이의 것과 구분해 놓았습니다. 그런데도 다른 이의 밭에 들어가서 훔치려는 마음을 품은 자들이 생겨났습니다. 도둑질이 시작된 것입니다. 그들을 마을에서 추방해야만 했습니다.

사람들은 상의 끝에 자신들 가운데 출중한 한 사람을 뽑아서 왕으로 삼았습니다. 합의를 통해 샤카족의 왕 마하삼마타가 처음으로 선출되었습니다. 수확한 벼의 일부를 주고 '밭(kṣetra)을 지키는 이'로 삼았으니, 그로 인해 '크샤트리아(kshatriya)'라는 명칭이 생겨납니다.

인도의 카스트 제도에서 크샤트리아 계급은 정치적인 권력을 행사하고 국가를 다스리는 역할을 맡았습니다. 왕족과 그의 관료들 그리고 전쟁에 나가 싸우는 무사들이 크샤트리아 계급에 속합니다.

모든 백성이 존경하는 이상적인 왕도 있었지만, 자신의 재물만을 탐하여 백성에게 나누지 않던 왕도 있었습니다. 빈궁한 자들이 생겨났고, 이들 가운데 일부는 도둑질을 시작했습니다. 왕은 이를 금지하고자 무거운 형벌을 내리게 되었고, 사람을 죽이는 형벌도 이때 생겨났다고 합니다. 또한, 형벌이 두려워 자신의 과실을 숨기고 사실과 다른 말을 하는 이들도 생겨났으니, 거짓말이 횡행하게 된 것도 이 무렵부터라고 합니다.

《전륜성왕사자후경》에서는 다음과 같이 설명합니다.

"궁핍한 자들에게 재물을 보시하지 않음으로 인해 가난이 만연했고, 가난이 커짐으로 인해 받지 않은 것을 빼앗는 일이 늘어났으며, 도둑이 늘어남으로 인해 무기의 사용이 늘어나고, 무기의 사용이 늘어남으로 인해 목숨을 빼앗는 일이 늘어난 것이다. 그리고 목

숨을 빼앗음으로 인해 사람들의 수명은 줄어들고 그들의 미덕도
줄어들었다.”

　사적 소유의 욕망에서 비롯된 가난과 도둑질, 형벌과 거짓
말, 약탈과 전쟁의 역사는 이렇게 시작되었습니다. 바르지 못
한 일들이 성행하며 여러모로 힘든 세상이 된 것입니다.
　토지와 재산 등을 탐내는 마음은 온갖 위험과 재난을 부른다
는 것을 《숫타니파타》에서도 여러 번 강조합니다. “마치 부서
진 배에 물이 스며들듯이” 부지불식간에 차올라 당신의 삶을
위태롭게 만듭니다. 모든 재화(財貨)는 자신과 타인을 위해 이
롭게 쓰일 수 있지만, 모든 재앙과 화의 씨앗이 될 수도 있다
는 사실을 잊지 말아야 합니다.

"여러 가지를 탐내는 사람은

위험과 재난이 그를 따른다.

마치 부서진 배에 물이 스며들듯이."

"여러 가지를 탐내는 사람은

위험과 재난이 그를 따른다.

마치 부서진 배에 물이 스며들듯이."

진정한 행복을 부르는
'소욕지족'의 삶

❀

탐욕은 큰 홍수, 욕망은 거센 물살, 집착은 파도,
감각적 쾌락은 건너기 힘든 진흙탕이라고 말한다.

〈폭력적인 사람의 경〉 945

경제적 가난이나 궁핍은 우리에게 큰 근심과 걱정을 안겨 줍
니다. 부처님이 계시던 당시에도 가난한 이들은 빚 독촉에 시
달렸습니다. 이자를 제때 갚지 못하면 포박당해 매질을 당하
는 고통을 겪었지요. 《앙굿타라니카야》에서 부처님은 "가난한
것과 빚내는 것을 세상에서 괴로움이라 말하네"라고 하시며,
빚이 없는 것을 인간이 누리는 행복 가운데 하나로 꼽을 정도
입니다.

가난과 궁핍의 괴로움에서 벗어나기 위해 돈을 버는 것은 문
제 될 것이 없습니다. 벌들이 꿀을 모으듯, 아침부터 저녁까지
부지런히 일해야 합니다. 가족을 먹여 살리기 위해 가난에서

벗어나려는 노력은 정당합니다. 장사를 해서 돈을 버는 일 또한 마찬가지입니다. 저울을 속이거나 거짓을 말하는 것이 아니라면 말이지요.

문제는 필요 이상으로 지나치게 원할 때 생깁니다. 인간은 기본적인 욕구가 충족되어도 만족하지 못하고, 더 많고 더 좋은 것을 추구합니다. 욕망의 바퀴가 굴러가기 시작합니다. 원하는 재물을 얻기 위해 이리저리 헤매고, 얻지 못하면 물을 벗어난 물고기처럼 파닥거립니다. 원하는 것을 얻어야만 행복하다고 믿게 됩니다.

하지만 재물을 손에 쥔 기쁨은 오래가지 않습니다. 더 큰 것을 바라는 욕망이 다시 고통을 불러옵니다. 그것이 바로 욕망의 속성입니다. 아무리 많은 것을 가져도 만족하지 못하고, 히말라야만 한 금덩어리를 손에 넣는다 해도 허기는 여전히 남습니다.

소유하는 것 자체가 삶의 목표가 된 사람이 있습니다. 많이 소유하는 그만큼 존재감이 커지기 때문에 더욱 탐욕스러워집니다. 재물을 지키려는 집착은 무엇으로도 말릴 수가 없습니다. 그 결과 욕망이라는 거센 물살과 탐욕이라는 홍수 속에 허우적거리기 십상입니다.

—

욕망을 줄이면 행복은 커진다

먼 옛날 집안 살림을 알뜰하게 꾸렸던 한 사람이 있었습니다. 그는 금을 몹시 좋아해 쉬지 않고 모았고, 한 항아리에 가득 채운 금을 집안 땅에 묻었습니다. 옷도 제대로 입지 않고 음식도 아껴 먹으면서 금 모으는 일에 몰두한 끝에 일곱 개의 항아리를 모두 채워 땅속에 감출 수 있었습니다.

그는 병에 걸려 목숨을 다하게 되었지만, 금을 향한 집착이 너무 컸던 탓에 죽어서도 집을 떠나지 못했습니다. 한 마리 독사가 되어 또아리를 튼 채 일곱 개의 금 항아리를 지켰습니다. 행여나 누가 가져갈까 봐 한시도 떠날 수가 없었습니다.

여러 해가 지나 집이 허물어지고 사람도 살지 않게 되었지만 독사는 여전히 금 항아리를 칭칭 감고 독을 품은 채 앉아 있었습니다. 이는 《현우경》의 〈칠병금시품〉에 나오는 이야기로, 죽어서도 놓지 못하는 재물을 향한 탐욕을 신랄하게 보여 줍니다.

반면 자신이 지닌 모든 재산을 호수에 던진 방거사의 이야기도 있습니다. 중국의 유마거사로 불리는 그는 원래 형주 형양현(현재 중국 후난성 부근)의 소문난 부호였습니다. 재물의 덧없음과 탐욕의 해로움을 누구보다 잘 알고 있던 사람이었지요.

어느 날 그는 집에 있는 금은보화를 모두 실어 동정호에 버리겠다고 했습니다. 가족들은 아무도 만류하지 않았으나, '그럴 바에야 남들에게 나눠 주면 어떻겠나'라는 생각이 들었던 총명한 딸은 이렇게 말했습니다.

"아버님, 왜 가난한 사람들에게 나누어 주지 않고 버리려고 하십니까?"

"재물은 탐욕을 부른다. 어찌 원수가 아니겠느냐? 나에게 원수가 되는 재물을 남에게 떠넘길 수 없다."

방거사는 모든 재물이 탐욕과 온갖 재앙을 부르는 원수 같은 것임을 알고 있었습니다. 남들에게는 재산을 나누는 좋은 일 같아 보일 터이지만, 방거사의 눈에는 자신에게 해로운 것을 남에게 떠넘기는 일에 불과했습니다.

그는 진정한 보시란 재물을 나누는 것이 아닌 사람들 마음에 탐욕이 생기지 않도록 돕는 일이라고 여겼습니다. 재산을 호수에 모두 버리고 난 뒤 방거사는 오막살이에서 살며 대나무 조리를 만들어 팔아 가족의 생계를 이어갔습니다. 부인이 세상을 떠난 뒤에도 오막살이 집을 떠나지 않고 조리 장사를 계속했습니다. 그러던 어느 날 그는 다음과 같은 게송을 남깁니다.

"세상 사람들은 돈을 좋아하지만

나는 순간의 고요를 즐긴다.

돈은 사람의 마음을 어지럽히고

고요 속에는 본래의 내 모습이 드러난다."

여러분은 어떤 길을 선택하겠습니까? 금 항아리를 놓지 못한 사내와 모든 재산을 내다 버린 방거사의 길, 두 경우 모두 극단적으로 보일 수 있습니다. 세속의 삶을 살면서 돈을 무시하고 살 수는 없지요. 그렇다고 해도 돈과 재물을 추구하는 욕망으로 마음을 어지럽혀서는 안 됩니다. 돈과 재물보다 소중한 것이 마음입니다.

많은 이가 욕망하는 것을 소유하는 상태를 행복이라 여기며 소득이 증가할수록 행복도 늘어난다고 생각합니다. 갖고 싶은 것을 마음껏 누릴 수 있는 넉넉함이 있기 때문이지요. 하지만 소득이 일정 수준을 넘어서면 더 이상 행복이 비례해 늘어나지 않는다는 사실을 우리는 알고 있습니다. 돈을 추구하는 것은 사막에서 물을 마시는 것과 비슷합니다. 처음에는 갈증을 해소해 주지만, 이후에는 만족감을 주지 못하고 다른 것을 원하게 됩니다.

불교에서는 욕망에서 분리된 상태를 행복으로 봅니다. 물론 재가자의 삶에서 욕망을 완전히 끊기는 어렵습니다. 그러나 욕망이 줄어들수록 행복의 여지는 그만큼 늘어납니다.

　욕망 자체의 크기를 줄이는 것도 방법입니다. 최소한의 물건으로 만족하고 필요 이상 쌓아두지 않는 것, 배고픔을 면할 음식과 몇 벌의 옷, 머물 집이 있다면 그것으로 충분합니다. 적은 것에도 만족할 줄 아는 '소욕지족(少欲知足)'의 삶이 진정한 행복을 불러옵니다.

　인간이 살아가는 데에는 많은 것이 필요하지 않습니다. 소유하되 필요 이상으로 소유하지 않고, 욕망하되 집착하지 않아야 합니다. 여기에서 어느 한쪽에 치우치지 않아야 한다는 중도(中道)의 의미를 짚어 볼 수 있습니다. 그것은 소유와 욕망을 바라보는 균형 잡힌 태도이며 절제할 줄 아는 삶의 자세입니다. 우리의 마음을 행복하게 만드는 출발점이자 오래도록 행복을 유지하게 만드는 확실한 방법이기도 합니다.

　결국 우리를 진정으로 행복하게 하는 것은 소유의 크기가 아니라 마음의 여유입니다. 욕망을 다스릴 수 있을 때, 비로소 삶은 가벼워지고 마음은 평화로워집니다.

"탐욕은 큰 홍수, 욕망은 거센 물살, 집착은 파도,

감각적 쾌락은 건너기 힘든 진흙탕이라고 말한다."

"탐욕은 큰 홍수, 욕망은 거센 물살, 집착은 파도,

감각적 쾌락은 건너기 힘든 진흙탕이라고 말한다."

"감각은 문이고,
욕망은 불이다"

❁

눈으로 보는 것을 탐내지 마라.
쓸데없는 소리에는 귀를 막아라.
맛에 탐착하지 말아라.
세상 어떤 것도 내 것이라 고집하지 말아라.

〈서두름의 경〉 922

우리는 눈·귀·코·혀·몸을 통해 매 순간 바깥세상을 접합니
다. 우리 몸은 일종의 센서인 셈이지요. 눈·귀·코·혀·몸의 감각
기관은 외부의 대상과 사물이 들어오는 입구와 같습니다. 불
교에서는 이 다섯 감각기관에 마음을 더해 '6근(六根)'이라 부릅
니다. 가장 근본적인 요소라는 뜻에서 '뿌리(根)'라는 표현을 쓴
것이지요.

이렇게 감각기관을 통해 우리는 형색, 소리, 냄새, 맛, 촉감
등 바깥세상을 인식합니다. 여기에 마음속에서 일어나는 현상
까지 더해 '6경(六境)'이라 부르는데, '경(境)'은 대상 또는 경계라
는 뜻입니다.

이 6근과 6경이 만나면 그에 대응하는 인식이 일어나는데, 이것이 '6식(六識)'입니다. 형색에 대한 인식, 소리에 대한 인식, 냄새에 대한 인식, 맛에 대한 인식, 촉감에 대한 인식, 마음의 현상에 대한 인식이 그것입니다.

이처럼 6근, 6경, 6식을 합쳐서 '18계(十八界)'라고 합니다. '계(界)'는 영역 또는 범주라는 뜻으로, 우리의 인식은 이 열여덟 가지 요소를 벗어나지 않는다는 것을 뜻합니다. 이 세 개념을 이해하고 나면 불교 경전의 여러 구절들이 훨씬 친숙하게 다가옵니다.

이 6근·6경·6식에 얽힌 흥미로운 이야기가 하나 전해집니다. 부처님께서 마가다국의 수도 왕사성 근처 마을인 우루벨라를 찾았을 때의 일입니다. 이곳은 부처님이 깨달음을 얻기 전, 6년간 고행하셨던 장소이기도 하지요. 그 마을에는 불의 제단에 제사를 올리며 살아가던 카사파 삼 형제가 있었고, 그들을 따르는 천 명이 넘는 제자들이 있었습니다.

해가 질 무렵 카사파 형제를 만난 부처님께서는 저녁노을로 불타는 하늘을 바라보며 그들에게 이렇게 말씀하셨습니다.

"비구들이여, 온 세상이 불타고 있다. 눈이 불타고 있다. 눈에 보이는 색깔과 형태가 불타고 있다. 눈의 인식이 불타고 있다…."

불을 섬기는 이들에게 세상이 불탄다는 말은 큰 충격이었을 것입니다. 내 눈이 불탄다는 말에는 더욱 놀랐겠지요. 카사파 형제는 이 설법을 듣고 제자 천여 명과 함께 부처님께 귀의했다고 합니다.

도대체 이 말씀에 무슨 깊은 뜻이 있었기에 그랬던 것일까요? 바깥세상의 대상을 바라볼 때 우리 안에서 일어나는 감각적 욕망이 불타는 것을 상상하시면 됩니다. 아름다운 것만 보고 싶고, 좋은 소리만 듣고 싶고, 향기로운 냄새만 맡고 싶고, 맛있는 것만 먹고 싶고, 부드러운 촉감을 지닌 것만 만지고 싶은 것이 우리들 아닙니까? 이러한 감각적 쾌락을 불타는 불과 같다고 말씀하신 것입니다. 감각적 쾌락 이면에 숨겨진 욕망의 위험성을 직시하라는 뜻입니다.

모양과 소리, 맛과 냄새, 촉감은 사람을 쉽게 취하게 합니다. 감각적 쾌락을 바라는 사람이 그것을 얻게 되면 원하는 것을 손에 넣은 기쁨에 날듯이 즐겁고 행복해집니다. 반대로 얻지 못한 사람은 화살을 맞은 듯한 괴로움을 느끼게 됩니다.

그래서 부처님은 감각적 쾌락을 조심하라고 하셨습니다. 발로 뱀의 머리를 밟지 않으려 애쓰듯, 감각의 유혹을 피할 수 있는 지혜가 필요하다는 뜻입니다. 자칫 잘못하면 그 뱀이 다리를 물듯 감각의 탐닉이 괴로움이 되어 되돌아올 수 있으니 말입니다.

괴로움에는 언제나 욕망이 숨어 있습니다. 그리고 그 욕망의 근원에는 언제나 '무언가를 보고 듣는 일'이 자리 잡고 있습니다. 보지 않았다면 욕망도 생기지 않았을 것입니다. 듣지 않았다면 기쁨도, 분노도 일어나지 않았겠지요. 무언가를 접할 때마다 우리는 '이건 좋은 것', '저건 나쁜 것'이라고 구분하게 되고, 문제는 거기서부터 시작됩니다. 좋은 것은 당장 갖고 싶고, 싫은 것은 빨리 눈앞에서 치워버리고 싶어지기 때문입니다.

여기에 '그것은 예전에도 좋았지'라는 과거의 기억이 더해지면 우리의 감정, 생각, 욕망은 더더욱 강하게 작동합니다. 결국 우리는 스스로가 만든 분별과 기억, 욕망에 사로잡히게 되는 것입니다.

—

감각을 다스리면 마음도 지켜진다

"눈과 귀를 단속하라". 이 가르침은 부처님이 당신의 아들 라훌라에게 하신 설법에서도 등장합니다. 라훌라는 부처님의 출가 직전에 태어난 아들인데, 그 이름에는 '장애'라는 뜻이 있습니다. 아들의 탄생 소식을 듣고서 "출가하는 일에 장애가 태어났구나"라고 말씀하신 것에서 그 이름을 짓게 되었습니다.

6년 고행 끝에 깨달음을 얻은 부처님이 고향인 카필라국에 들렀을 때, 사촌 형제 아난다를 비롯한 많은 젊은이가 동반 출가하였습니다. 라홀라도 얼마 뒤 출가해 가장 어린 승려이자 최초의 사미승(沙彌僧)이 되었다고 합니다. 사미승은 정식으로 계율을 받기 이전의 예비 승려, 즉 입문자를 뜻합니다.

왕족 출신으로 궁궐에서 온갖 화려한 생활에 익숙했던 라홀라에게 승가의 단조로운 삶은 견디기 쉽지 않았습니다. 더구나 아직 어린아이였고, 부처님의 아들이라는 자부심에 자만심도 컸을 것입니다. 그가 잘못해도 나무랄 사람이 없었지요. 그런 아들이 못내 걱정되었는지, 부처님은 어느 날 조용히 그를 불러 타이르셨습니다.

"라홀라야, 이 말을 들어라. 늘 가까이 함께 있기 때문에, 너는 어진 이를 가벼이 여기는 것은 아니냐."

라홀라는 승가의 스승들은 가벼이 보지 않으며 존경하고 있다고 대답합니다. 대답을 듣고 안심하신 듯 부처님은 라홀라에게 가르침을 전하기 시작합니다.

"기분 좋은 대상, 마음을 기쁘게 하는 다섯 가지 감각적 욕망의 대상을 버려라."

이것이 라홀라에게 하신 첫 번째 설법의 구절입니다. 어린

아들에게 간곡히 바라셨던 가장 중요한 가르침이었을 테지요. 모든 감각기관을 단속하고 감각적 쾌락에 휩쓸리지 말 것, 그 것이 출가한 이가 괴로움을 끊는 길이라고 하셨습니다. 제자들에게 늘 하시던 말씀 그대로였지요. 당신의 피붙이라 하여 따로 특별한 가르침을 전하지 않았습니다.

이어 선한 벗과 사귀고, 고요한 곳에 머물며, 음식을 절제하고, 다시는 세속으로 돌아가지 말라는 당부도 잊지 않으셨습니다.

이러한 내용이 담긴 〈라훌라의 경〉은 《숫타니파타》에 전해지며, 부처님은 라훌라가 수행의 최고 경지에 이를 때까지 이 경전을 늘 가르치셨다고 합니다.

세상에는 감각적 쾌락을 부르는 많은 것들이 널려 있습니다. 쉴새 없이 우리의 눈과 귀를 사로잡는 좋고 예쁜 것들이 밀려옵니다. 명품 옷이나 가방, 고급 자동차 앞에서 마음이 흔들릴 때도 있겠지요. 하지만 부처님은 말씀하셨습니다.

"다섯 가지 감각적 욕망의 대상을 버려라."

부처님의 아들 라훌라에게 하신 이 가르침을 오늘의 나에게도 들려주듯 조용히 마음속에 되새겨 보는 것은 어떠십니까.

"세상 어떤 것도 내 것이라 고집하지 말라."

"세상 어떤 것도 내 것이라 고집하지 말라."

왜 화의 근원을
남에게서 찾는가

✿

탐욕과 분노는 자신에게서 생긴다.
좋고 싫음, 머리털이 곤두서는 공포는 자신에게서 생긴다.
마음의 상념 또한 자신에게서 일어난다.
아이들이 줄에 묶인 까마귀를 놓아주듯이.

〈수칠로마의 경〉 271

부처님이 계실 적에 한 야차가 찾아왔습니다. 먼 과거세에
지은 업으로 인해 못생긴 몸을 받았고, 머리카락이 바늘처럼
곤두서 있었습니다. 그의 이름은 수칠로마(Sūciloma)로, 바늘을
뜻하는 '수치(sūci)'와 머리카락을 의미하는 '로마(loma)'가 합쳐
진 이름입니다.

경전 속에는 수칠로마처럼 부처님의 설법을 듣기 위해 찾아
오는 야차들이 종종 등장합니다. 수칠로마는 자신의 공포스러
운 몸을 보고 놀라서 도망갈 것이라고 짐작했지만, 부처님은
개의치 않았습니다. 야차라 그런지 질문하는 태도 역시 불손
하기 짝이 없습니다.

"만약 나에게 대답을 하지 못하면 그대의 마음을 어지럽히거나, 그대의 심장을 부수거나, 두 발을 잡아 갠지스강 너머로 던지겠소."

수칠로마가 던진 질문은 이러합니다.

"탐욕과 분노는 어떤 인연으로 생겨나는가. 좋음과 싫음, 머리털이 곤두서는 공포는 어디에서 생겨나는가. 그리고 마음의 상념은 어디에서 생겨나는가."

야차의 형색을 보고도 두려움이 없었던 부처님은 그의 으름장에도 흔들림이 없이 하나하나 답해 주셨습니다.

"그 모든 것은 자기 자신에게서 생겨난다. 마치 어린아이들의 까마귀 놀이처럼."

당시 인도에서는 아이들이 까마귀를 잡아 다리 한쪽에 실을 묶은 뒤 놓아 주는 놀이가 있었습니다. 까마귀는 멀리 날아가려 해도 실에 묶여 다시 아이들 곁으로 되돌아오게 됩니다. 부처님은 우리에게 일어나는 탐욕과 분노, 좋음과 싫음, 머리털이 곤두서는 공포와 마음의 상념들 또한 그렇다고 말씀하셨습니다. 보이지는 않지만, 우리도 어딘가에 실로 묶여 있는 까닭입니다. 가장 가까운 곳, 바로 자기 자신에게서 모든 감정이 일어나는 것입니다.

가만히 생각해 봅시다. 화는 어디에서 비롯되는 걸까요? 누군가의 무례한 말이나 행동이 나를 화나게 합니다. 하지만 그 감정의 밑바닥에는 실망감, 배신감, 당혹감 같은 더 깊은 감정이 숨어 있습니다.

더 깊은 바닥으로 들어가 볼까요. '나의 마음은 평화로웠는데 너 때문에 이렇게 됐어. 어떻게 그럴 수 있어, 나한테…' 사실 문제의 중심에는 상대의 행동 자체가 아니라 내 자아의식이 건드려졌다는 점이 있습니다.

화를 유발한 것이 상대라 해도 내 마음과 무관한 일이었다면 그렇게까지 분노하지 않았을 것입니다. 내 안의 자아가 반응했기에 감정이 솟구친 것이지요. 내 생각으로 상대의 행동을 해석하고 내 감정에 빠져 화를 주체하지 못하게 됩니다. 이런 경우 분노는 좀처럼 가라앉지 않습니다. 예컨대, 믿었던 친구가 나를 속였을 때 우리는 크게 상처받고 괴로워합니다. 그러나 분노는 결국 자기 자신을 해치는 감정입니다.

이에 《법구경》은 "그때마다 원한을 품는다면, 원한 맺지 않을 사람은 아무도 없을 것"이라고 말합니다. 원한을 원한으로 갚는 일은 보복의 악순환을 낳을 뿐입니다. 화에는 화로 대응할 필요가 없습니다. 친구의 배신은 그의 문제일뿐 내가 상심에 젖어 괴로워할 이유는 없습니다. "I don't care" 하며 상관하지 않으면 그뿐입니다. 내 안에 미세하게 달려있는 자아의 끈

을 스스로 풀어 주는 것이 좋습니다. 그리고 놓아주세요. 당신
의 화와 분노가 당신에게서 멀리 날아갈 수 있도록.

—

화가 나는 그 순간의 나를 마주하라

화가 날 땐 화를 내는 것이 더 나을 때도 있습니다. 억지로
눌러 참는 것은 지혜롭지 못한 행위입니다. 화난 감정을 제대
로 수용하지 않으면 자기 내면 깊숙한 무의식 속에 뿌리를 내
리게 됩니다. 그러면 더 큰 분노로 폭발하거나 오래된 원한의
고질병이 되어 버립니다. 한국 사회에서는 그런 감정을 억누
르다 생기는 고유한 질병이 있습니다. 바로 '화병(火病)'입니다.
화를 참았던 사람이 터뜨리는 분노는 유난히 불같고 무섭습니
다. 무조건 참는 것이 능사는 아닌 것이지요.

분노라는 감정 자체가 반드시 부정적인 것은 아닙니다. 누
군가에게 부당한 일을 당했을 때 화가 나는 것은 자연스러운
반응이며, 그것은 상대의 행동이 옳지 않다는 항변이기도 합
니다. 부당한 일을 겪고도 화를 꾹 참는 것은 오히려 자신을
제대로 보호하지 못하는 일이 됩니다. 더구나 부조리한 사건
이나 제도에 대한 사회적 분노는 우리가 살아가는 세상을 더

나은 방향으로 이끄는 집단적인 에너지로 작용하기도 합니다.

하지만 최근 들어 분노조절장애가 사회적 문제로 떠오르고 있습니다. 순간적으로 화를 터뜨리거나 분노를 폭발시키는 일이 잦아졌고, 반사회적 행동으로 이어지는 경우도 많습니다.

분노조절장애의 원인으로는 지속적인 스트레스 노출, 억눌린 감정의 장기적인 축적, 성장 과정에서의 정신적 외상, 낮은 자존감과 열등감에서 비롯된 '무시당했다'는 느낌, 특권의식이나 피해의식 등이 지목되고 있습니다. 이러한 경우들 역시 제대로 해소되지 못한 분노가 쌓인 결과라고 볼 수 있습니다.

전문가들은 분노 조절을 위한 방법으로 몇 가지 실천적인 지침을 제안합니다. 첫째, 자신의 감정을 알아차리고, 그 원인을 파악하며, 이를 적절하게 표현하는 연습이 필요합니다. 감정을 억누르기보다 솔직하게 표현하되, 타인과 자신 모두를 해치지 않는 방식으로 말하는 훈련이 중요합니다.

둘째, 분노가 치밀어 오를 때는 1~2분 정도 멈추어 보고, 감정이 감당하기 어려울 만큼 커졌다면 그 자리를 피하는 것이 좋습니다. 시간이 지나면 자연스럽게 화가 가라앉기 마련입니다. "오늘은 이쯤에서 그만 이야기합시다"라고 상황을 정리하거나 자리를 잠시 떠나는 것이 바람직합니다. 언쟁을 이어가는 것은 타오르는 분노에 기름을 붓는 일이 될 수 있습니다.

셋째, 유연한 사고방식과 유머 감각을 기르는 것도 분노를 다스리는 데 도움이 됩니다. 언쟁은 종종 '이건 반드시 이래야 한다'는 고집에서 비롯되곤 합니다. 자신의 고정관념만을 내세우기보다는, 상대방의 입장에서 바라보는 여유와 관용이 필요합니다. 때로는 가벼운 농담 하나가 긴장을 풀어 주며, 유머는 감정을 누그러뜨리는 힘을 발휘합니다.

화내는 일을 부끄럽게 여기지 않아야 합니다. 상대는 미리 말하지 않으면 당신의 감정과 마음을 알 수 없습니다. '말 안 해도 알겠지'라는 생각은 착각입니다. 감정은 표현되어야 합니다. 때때로 자신의 감정을 차분하게 전달하는 것은 오히려 슬기로운 관계 유지의 방법입니다. 제때 해소되지 못한 불만은 찌꺼기처럼 쌓여 결국 더 큰 분노로 터져 나옵니다.

그렇다고 해서 화가 나는 순간 떠오르는 말들을 그대로 내뱉는 건 절대 금물입니다. 생각나는 대로 쏟아낸 말과 행동은 주워 담을 수 없습니다. 일단 '내가 화를 내고 있구나' 하고 알아차리는 것이 가장 중요합니다.

감정이 일어날 때마다 깨어 있는 마음으로 알아차리고, 알아차린 감정을 있는 그대로 받아들이고, 받아들인 감정을 부드럽게 놓아줄 수 있어야 합니다. '그저 알아차리는 것'만으로도 충분합니다. 브레이크를 밟는 효과가 생기고, 큰 사고는 막을 수 있습니다.

분노를 알아차렸음에도 불구하고 감정이 조절되지 않는 순간도 있습니다. 머리로는 이해했지만, 감정은 아직 납득하지 못하고 있는 것이지요. 그럴 때는 속으로 "괜찮아, 화를 내도 괜찮아"라고 말하며 우선 성난 감정을 다독여 주는 것이 중요합니다. 감정이 일어나는 느낌의 순간부터 생각, 말, 행동으로 이어지는 과정에서 내면에서 어떤 일이 일어나고 있는지를 조용히 지켜보는 것입니다.

결국 분노는 억누르거나 터뜨릴 대상이 아니라, 들여다보고 이해해야 할 내 마음의 작용입니다. 그 감정이 올라올 때 억제하거나 휘둘리기보다 알아차리고 바라보는 연습 속에서 우리는 조금씩 자유로워질 수 있습니다.

화가 나는 순간은 단지 끝이 아니라, 나를 돌아보는 시작이 될 수 있습니다. 그 작은 알아차림이야말로 내 마음을 지혜로 이끄는 첫 종소리일지 모릅니다.

"마음의 상념 또한 자신에게서 일어난다.

아이들이 줄에 묶인 까마귀를 놓아주듯이."

"마음의 상념 또한 자신에게서 일어난다.

아이들이 줄에 묶인 까마귀를 놓아주듯이."

마음을 해치는
'삼독'을 깨달아라

이 세상 존재에서
다른 세상의 존재로
생사윤회를 되풀이하는 사람들,
그것은 오직 어리석음 때문이다.

〈두 가지 관찰의 경〉 729

탐욕(貪), 분노(瞋), 어리석음(痴), 이 세 가지를 불교에서는 '삼독(三毒)'이라 부릅니다. 삶을 해치는 치명적인 독(毒)에 비유한 것입니다. 수행자에게는 깨달음에 이르는 길을 막는 가장 근본적인 번뇌이기도 합니다.

당신의 마음속에서 가장 자주 고개를 드는 번뇌는 무엇인가요? 유달리 탐욕이 많은 사람이 있는가 하면, 아무 때나 분노가 치솟는 사람도 있습니다. 어리석음이 많아 지혜롭지 못한 사람도 있지요. 병이 다르면 처방도 달라지듯이, 치성한 번뇌에 따라 수행의 길도 달라집니다.

초기불교에서는 탐욕이 많은 사람에게 '부정관(不淨觀)'을 권합니다. 우리가 집착하는 대상은 물질적이든 정신적이든 사랑하고 애착하는 마음 때문에 생깁니다. 그 대상이 아름답다고 생각하니 갖고 싶어지는 것이지요.

내 몸에 대한 집착도 마찬가지입니다. 그러나 우리의 몸은 온갖 내장과 콧물·침·땀·대소변으로 가득 차 있습니다. 이 집착을 깨뜨리기 위해 시체가 썩어가는 모습을 관찰하기도 했는데, 우리 몸이란 죽은 송장과 다를 바가 없다는 가르침이었습니다.

분노가 많은 이에겐 '자비관(慈悲觀)'을 권합니다. 분노의 마음 대신에 연민의 마음으로 바라보라는 것입니다. 이 세상 모든 존재가 행복하기를, 괴로움과 슬픔에서 벗어나기를 바라는 마음으로 말입니다.

우선 자기 자신부터 자비와 연민의 마음으로 바라봅니다. 점차 부모와 자식, 친구와 이웃으로 확장해 갑니다. 관계의 어려움을 겪고 있는 사람에게도 자비와 연민의 마음을 보내도록 합니다. '그 사람도 많이 힘들겠구나…' 하며 노여움 대신에 상대방을 딱하게 여기는 마음을 일으켜 보세요. 내 마음이 먼저 부드러워집니다. 화가 나는 일의 빈도와 강도가 줄고, 예전보다 쉽게 다스릴 수 있습니다.

어리석음이 많은 이에겐 '인연관(因緣觀)'을 권합니다. 세상의 이치, 모든 현상의 연기적 관계를 관찰하도록 하는 것입니다. 어리석음이 발생하는 원인과 조건을 파악해서 문제의 상황을 이해하고 그에 알맞게 대응하도록 돕습니다.

지금 내가 겪는 일이 어떤 연유로 일어나게 되었는지 아는 것, 그것이 곧 지혜입니다. 살펴보면 대부분 자신의 말과 행동으로 인해 생겨난 결과임을 알게 됩니다. 모르기 때문에 저지르는 일이 생각보다 많습니다. 어떤 일을 할 때 그 원인과 결과를 함께 생각해 본다면 함부로 행동하는 일도 줄어들 것입니다.

이밖에도 마음이 산란한 이에겐 들숨과 날숨의 호흡을 알아차리는 '수식관(數息觀)', 의심이 많거나 자아에 집착하는 견해를 가진 이에겐 모든 현상을 요소별로 나누어 관찰하는 '계분별관(界分別觀)'을 권유했습니다. 앞의 세 가지와 합쳐서 번뇌의 마음을 멈추게 하는 다섯 가지 관찰을 '오정심관(五停心觀)'이라고 부릅니다.

—
달콤한 무지, 쓰디쓴 결말

《숫타니파타》에서는 탐욕·분노·어리석음의 번뇌에 빠져 사는 중생의 삶을 동굴 속에 사는 것으로 비유합니다. 온갖 더러움으로 가득한 몸의 동굴에 머물며 좀처럼 쾌락에서 벗어나려는 마음을 내지 않는다는 것입니다. 동굴 속의 편안함에 익숙해진 채, 그보다 넓고 밝은 세상이 있다는 사실도 알려고 하지 않는 것입니다.

이 대목에서 플라톤의 '동굴의 비유'가 떠오릅니다. 동굴 속 사람들은 자신들이 보는 그림자 세계를 실제라고 믿지만, 그것은 벽에 비친 허상일 뿐입니다. 그들은 동굴 밖에 태양이 비추는 진짜 세상이 있다는 사실을 받아들이지 못합니다. 왜냐하면, 알지 못하기 때문입니다.

생사윤회를 반복하면서도 중생의 마음은 벗어나려는 의지를 품지 않습니다. 두려움조차 일으키지 않습니다. 태어나고, 늙고, 병들고, 죽는 고통을 거듭 반복하면서도, 죽음이 눈앞에 닥쳐오기 전까지는 아무것도 깨닫지 못합니다. 생사윤회를 거듭하는 가장 근본 원인은 결국 알지 못하는 어리석음, 곧 무지(無知)입니다.

여기서 말하는 어리석음은 단순히 배움이 부족해서가 아닙니다. 나 자신과 세상의 이치를 알지 못하기 때문에 어리석다고 말하는 것입니다. 그리고 문제는 단지 모른다는 데 있지 않습니다. 오히려 거꾸로 아는 것, 그릇된 앎을 진실이라 여기는 것이 더 큰 문제입니다.

우리는 마치 영원히 살 것처럼 살아갑니다. 지금 누리는 즐거움과 행복이 언젠가 괴로움과 불행의 씨앗이 될 수 있다는 사실을 잊고 살아갑니다. 괴로움의 근원이 되는 것을 즐거움이라 착각하며 그것을 얻기 위해 기꺼이 달려갑니다. 집과 재산, 가족과 연인, 권력과 명예를 뒤로 한 채 결국 우리는 모두 빈손으로 죽음을 향해 떠나가게 됩니다. 이것이 불교에서 말하는 무지의 실체입니다.

세상엔 달콤한 것들이 너무나 많습니다. 설탕과 초콜릿의 단맛이 건강에 해롭다는 것은 알면서도, 마음속 욕망의 달콤함이 얼마나 해로운지는 알지 못합니다. 그런 어리석음을 여실히 보여 주는 유명한 비유가 '안수정등(岸樹井藤)' 이야기입니다.

들판을 걷던 한 나그네가 사나운 코끼리를 만나 쫓기게 되었습니다. 다급해진 그는 우물가의 칡덩굴을 붙잡고 밑으로 내려가 숨었지만, 그 아래엔 네 마리의 독사가 혀를 날름거리고 있었습니다. 급히 위로 올라가려 했으나 위쪽에서는 흰 쥐와 검은 쥐가 번갈아 가며 칡덩굴을 갉고 있었습니다. 어디로도 움직일 수 없는 위기의 순간, 벌집에서 꿀 몇 방울이 떨어졌고, 그는 그 꿀맛에 정신이 팔려 자신의 처지도 잊은 채 매달려 있었다고 합니다.

덩굴은 인간의 수명을, 흰 쥐와 검은 쥐는 밤과 낮을, 꿀은 다섯 가지 욕망(색욕·식욕·수면욕·재물욕·명예욕)을 뜻합니다. 죽음이 언제 닥칠지 모르는데도 욕망의 단맛에 취해 살아가는 우리 삶에 대한 비유이지요. 유감스럽게도 이것이 우리의 실존입니다. 그러나 달콤함에 빠져 있을 시간이 없습니다. 그 욕망의 향기에 취하지 않으려면, 세속적 쾌락의 본모습을 제대로 아는 지혜가 필요합니다.

우리는 어쩌면 지금도 칡덩굴 하나에 매달려, 꿀 몇 방울에 정신이 팔려 있는지도 모릅니다. 언제 끊어질지 모르는 목숨줄 아래에는 네 마리 독사가 도사리고 있고, 밤과 낮은 쉼 없이 우리의 삶을 갉아먹습니다. 그럼에도 단 몇 방울의 쾌락에 만족하며, 그것을 위해 삶을 소진합니다.

이제는 꿀의 달콤함이 아닌, 그 달콤함 뒤에 숨은 위험을 알아차릴 때입니다. 탐욕과 쾌락의 그림자에 가려진 어리석음을 걷어내는 일, 그것이 깨어 있는 삶의 시작 아닐까요.

"생사윤회를 되풀이하는 사람들,

그것은 오직 어리석음 때문이다."

"생사윤회를 되풀이하는 사람들,

그것은 오직 어리석음 때문이다."

바깥의 장단에
요동칠 이유가 없다

세상일에 부딪쳐도 마음이 흔들리지 않고,
걱정 없고 티 없이 평온한 것,
이것이 더없는 축복이다.

〈큰 축복의 경〉 268

주위 사람들은 저를 무던하다고 말합니다. 성격이 조용한 편이기 때문입니다. 화를 자주 내지도 않고, 예민한 편도 아닙니다. 마음이 복잡하고 혼란스러울 땐 그냥 한숨 자고 나면 괜찮아지는, 비교적 무던 성정의 사람입니다.

그런데 50대 중반이 되면서 몸과 마음이 예전 같지 않습니다. 이곳저곳 노화의 징후가 나타나고, 내 마음을 나도 모르겠는 날들이 이어집니다. 아이들이 집을 떠난 뒤엔 '빈둥지증후군'이란 말이 실감 났고, 뒤늦게 시작한 강단 생활이 감사하긴 해도 마냥 즐겁지만은 않았습니다. 그제야 알게 되었습니다. 내가 외부적 요인에 얼마나 취약하고, 얼마나 예민한 사람인지를 말입니다. 저는 결코 무딘 성정의 사람이 아니었던 것입니다.

정확히 말하자면, 지금껏 참기 어려운 상황이 생길 만한 조건이 딱히 없었을 뿐입니다. 누군가에게 평가받고, 비교당하고, 타인의 반응에 민감해야 하는 상황을 일찍이 겪지 않았던 것이지요. 그 모든 과정 속에서 제 안 깊은 곳에서 마주한 사실은 '내가 바라고 원하는 것이 있어서 그렇구나…'였습니다. 뜻대로 되지 않으니 그 책임을 자꾸 자신에게 돌리고 있었던 것입니다. '그 마음을 버리면 돼…'라는 내면의 소리를 들을 수는 있었지만, 막상 그 마음을 버리고는 살 수 없을 것 같았습니다.

"마음을 비우라"라는 말이 가장 듣기 싫었던 때도 있었습니다. 불교 공부를 하는 사람이 그래서야 되겠냐고 할지도 모르지만 사실입니다. 동시에, 제 불교 공부는 그때부터 진짜로 시작되었습니다. 처음으로 제 마음을 들여다보게 되었습니다. 부처님의 말씀은 결국 '마음에 대한 깨달음'이 아니었을까, 생각하게 되었습니다.

《숫타니파타》는 바라고 구하는 마음이 사라진 상태, 좋고 싫음을 떠나 어디에도 의존하지 않는 마음에 진정한 평온이 있다고 말합니다. 앞서 소개한 〈큰 축복의 경〉 268게송이 그 내용이지요. 수행자가 탁발을 나가 음식을 얻어도, 얻지 못해도 그저 좋은 일로 여겨야 합니다. 많이 얻었다고 교만해서도 안 되고, 적게 얻었다고 불평하거나 원망해서도 안 됩니다.

마을에서 공경을 받거나 반대로 욕설을 듣는 경우도 있습니다. 존경받으면 우쭐대기 쉽고, 비방을 들으면 모멸감을 느끼기 쉽습니다. 어느 쪽이든 수행자의 마음은 흔들립니다. 그러나 진정한 수행자는 출렁임을 멈추고 고요히 머물러야 합니다. 걱정 없이, 티 없이, 온전히 평온해야 합니다.

사람들이 공경할 때 평온함을 지키는 것은 그리 어렵지 않습니다. 그러나 욕설과 비난 앞에서도 평온함을 유지하기란 쉽지 않습니다. 그러기 위해서는 보고 들은 것에 마음이 흔들리지 않아야 합니다. 바다 한가운데 잔잔한 파도나 연잎 위에 맺힌 물방울처럼, 무엇을 보고 들어도 집착을 벗어나려는 그 마음조차도 집착하지 않아야 합니다. 어디에도 머물지 않는 마음, 그 마음이야말로 참된 평온입니다.

—

바다 한가운데 잔잔한 물결처럼

평온에 해당하는 원어는 산스크리트어로 upekṣa, 팔리어로는 upekhā입니다. 한자로는 '버리다'라는 의미의 '사(捨)'로 번역하는데, 실로 놀라운 번역이라 할 수 있습니다. 좋아하는 마음도, 싫어하는 마음도 '버려야' 평온할 수 있기 때문입니다.

마음을 비우고 버린다는 말은 결과가 좋든 나쁘든 마음에 치우침이 없다는 뜻입니다. 그래서 '사(捨)'는 '평정'이나 '평등'으로도 풀이되며, 성스러운 이가 도달해야 할 최고의 마음 상태, 곧 '무심(無心)'의 경지라 할 수 있습니다.

물론 성인의 경지에서야 '좋지도 나쁘지도 않은' 평정심이 최고의 상태가 되겠지만, 우리에게도 과연 그러할까요? 그렇습니다. 성인의 경지를 바라지 않더라도, 일상에서의 평정심은 누구에게나 꼭 필요한 최고의 지혜입니다.

평정심은 좋은 일과 나쁜 일에 휘둘리지 않게 해 줍니다. 좋은 일에 들뜨지 않고, 나쁜 일에 낙담하지 않는 마음입니다. 누군가의 칭찬에도, 비난에도 흔들리지 않고 자신의 길을 갈 수 있는 마음입니다. 세상 사람들의 말은 그들의 생각일 뿐, 그 장단에 내 마음이 요동칠 필요는 없습니다.

평정심은 곧 고요한 마음입니다. 어디에도 치우치지 않는 균형 잡힌 마음이지요. 양궁 선수들의 무심한 듯한 담대함을 떠올려 봅시다. 과녁을 향하는 눈빛엔 조금의 흔들림도 없습니다. '실패하면 안 된다', '메달을 따야 한다'라는 생각이 스치면 화살은 과녁을 비껴가고 말 것입니다. 오랜 훈련만큼이나 흔들리지 않는 평정심을 닦고 또 닦아왔음이 분명합니다. 2024년 파리올림픽에서 금메달 3관왕을 거머쥔 김우진 선수는 매우 인상적인 말을 남겼습니다.

> "올림픽 금메달을 한두 개 땄다고 해도 내가 운동하는 것이 바뀌지는 않는다. 대우야 바뀌겠지만 내가 계속 양궁을 한다는 사실은 변하지 않는다."

그는 한때 '한국 양궁의 에이스'라는 영예도 얻었지만, 자만심에 빠져 국가대표 선발전에서 탈락하는 아픔도 겪었습니다. 갈채와 비난의 소리에 흔들리는 마음의 위험성을 누구보다 잘 알았던 것입니다. 그래서 그의 말은 사람들의 마음에 깊은 울림을 주었습니다.

그는 "내가 딴 메달에 영향받지 않고 나의 원래 모습을 찾아 나아가는 게 중요하다. (…) 메달 땄다고 자만에 젖지 말아라. 해 뜨면 마른다."라는 말도 남겼습니다. 부처님이 살아계신다면, "선재(善哉) 선재로다!" 그의 머리를 쓰다듬으며 흠뻑 칭찬해 주셨을 것 같습니다.

지금 이 순간, 나도 누군가의 말에 흔들리는 마음을 다독이며 평정심을 닦아 가야겠다고 생각해 봅니다.

"세상일에 부딪쳐도 마음이 흔들리지 않고,

걱정 없고 티 없이 평온한 것,

이것이 더없는 축복이다."

"세상일에 부딪쳐도 마음이 흔들리지 않고,

걱정 없고 티 없이 평온한 것,

이것이 더없는 축복이다."

4장

"내 인생의 주인은 누구인가"

마음의 주인이 되는 법

내가 아는 '나'는 나인가

❀

내 것이라 집착하며 허우적대는 그들을 보라.
물이 말라 가는 개울물의 물고기와 같다.
이것을 보고 내 것을 버리고
존재에 대해 집착하지 말고 유행하라.
〈여덟 게송의 장〉 777

요즘 MBTI가 한창 유행입니다. 사람을 열여섯 가지 유형 가운데 하나로 분류하지요. "너는 T야, F야?" 젊은 세대는 물론 저처럼 나이 든 사람들도 자주 묻는 질문입니다. 사원 채용을 위한 면접장에서 MBTI를 묻는다는 기사도 본 적이 있습니다. 하지만 사원의 기업 활동 적합도를 판단하는 기준이 될 수는 없다고 지적합니다. 누군가를 판단하는 절대적인 기준이 될 수는 없다는 이야기입니다.

저도 여러 번 MBTI 검사를 해 보았지만, 그때마다 결과가 조금씩 달랐습니다. 테스트 당시의 심리 상태나 환경에 따라 달라지기 때문이지요. 생각해 보면, 저의 성격이나 취향도 예전과 달라진 것 같습니다. 과거엔 사람들과 어울리기를 좋아했지만, 지금은 혼자 있는 시간을 더 소중히 여깁니다. 올빼미형 인간이었던 제가 이제는 새벽형 인간이 되었고요. 우리의 몸도, 마음도 변화한다는 사실을 새삼 깨닫습니다.

저는 내향적인 사람일까요, 외향적인 사람일까요? 저의 MBTI는 내향형인 I에 속합니다. 그렇다면 저에게 외향적인 면은 없는 걸까요? 그렇지는 않은 것 같습니다. 대체로는 내향적인 성향을 보이지만, 상황에 따라 외향적인 행동이나 반응도 나타납니다. 그건 제 안의 어디에 숨어 있다가 튀어나오는 걸까요? 내향적인 나와 외향적인 나, 도대체 어느 쪽이 진짜 '나'일까요?

"나는 이런 사람이야"와 같은 식으로, 우리는 자신을 어떤 사람으로 규정하기를 좋아합니다. 말투나 행동에서 일정한 패턴이 반복되면 그 속에서 자신을 특징짓게 됩니다. 그것이 나의 고유한 정체성이라 여기게 되지요. 그리고 그 고정된 틀 안에서 나를 바라보게 됩니다. 내가 원하는 나의 모습이 있고, 그 모습이 유지되기를 바랍니다. 세상에서 나의 특성이 인정받고, 관철되기를 바랍니다.

그러나 현실은 그렇지 않습니다. 내가 바라는 나와 실제의 내가 일치하지 않을 수도 있습니다. 원하는 모습이 실현될 때는 만족감을 느끼지만, 그렇지 못하면 괴로움을 느낍니다. 마치 "물이 말라 가는 개울물의 물고기"처럼 허우적거리게 됩니다.

내 몸만큼은 확실한 '나' 아니겠냐고 생각할 수 있습니다. 그런데 최근 이루어진 '고무손 착각 실험(rubber hand illusion)'은 그렇지 않다는 뜻밖의 결과를 보여 줍니다.

진짜처럼 만든 고무손을 참가자의 눈앞에 놓고 진짜 손은 보이지 않게 가린 뒤 양손을 동시에 붓으로 쓸어 주는 자극을 반복합니다. 얼마 지나지 않아 실험 참가자는 눈앞의 고무손을 자신의 손처럼 느끼게 됩니다. 2분 정도 지나면 고무손에만 자극을 줘도 자신의 손이 자극받은 것처럼 착각하게 됩니다. 착각은 잘못된 판단에서 생기는 것이 아니라 멀쩡한 감각과 정신에서도 충분히 일어날 수 있다는 점을 보여 주는 실험입니다.

내 몸을 인식하는 일에도 착각이 작용합니다. 그 주범은 뇌입니다. 뇌는 감각기관을 통해 수집된 정보들을 범주화·추상화하는 시스템이라고 할 수 있는데, 정보들을 종합하는 과정에서 뇌는 우리의 예상과 달리 실재하는 모습을 있는 그대로 반영하지 않습니다. 1차적인 정보들을 알아서 2차적으로 종합하고 추론합니다. 우리가 보는 세상은 뇌에 의해서 만들어진 가공물인 셈입니다. 감각의 단계에서 순차적으로 진행되는 판단과 감정, 생각과 의지에는 수많은 착각과 왜곡이 개입하고 있습니다. 이것이 우리의 실재(實在)입니다.

'이것은 내 몸이다', '나는 이런 사람이다'라는 생각부터 '내 자식', '내 재산'이라는 세속적 욕망에 이르기까지, 모든 집착의 바탕에는 '나'라는 자아의 관념이 자리 잡고 있습니다. 모든 괴로움의 근원이 바로 그 자아에서 비롯된다고 부처님은 진단하셨습니다. 그래서 '그러한 자아는 없다', 즉 무아라고 선언하신 것이지요. 변하지 않고 고정된 실체로 존재하는 것이 아니라는 의미입니다.

프랑스의 불교학자 뿌생은 "자아가 존재하지 않는다는 가르침은 욕망을 파괴하기 위한 하나의 좋은 방법으로 고안된 것"이라 말했습니다. 이는 부처님께서 집착이 괴로움의 근원임을 꿰뚫어 보셨기에 그 잘못된 자아의 관념을 깨뜨리기 위해 내리신 가르침이라는 뜻입니다.

그렇다면 내가 알고 있는 나는 과연 '나'인지, 그것부터 물어보아야 하지 않을까요?

—

내 몸도 마음도 변한다

불교에서는 어리석음으로 인해 괴로움이 발생한다고 진단

합니다. 제대로 알지 못하기 때문에 괴롭다는 것이지요. 여기에서 괴로움은 신체적 아픔이나 고통만을 의미하지 않습니다. 근심·걱정을 불러오는 정신적 괴로움만 의미하지도 않습니다. 세상에 존재하는 모든 것들이 생겨났다 사라질 수밖에 없다는 사실 자체가 근원적인 괴로움의 이유입니다.

모든 만물은 변화합니다. 그대로 머물 수 없습니다. 세상 모든 것의 무상함을 보지 못하고, 영원하기를 바라며 놓지 못하는 것에서 괴로움은 발생합니다.

내 것이라 여기는 이 몸조차 죽음의 문 앞에서는 두고 가야 합니다. 사랑하는 사람과 언젠가는 이별해야 합니다. 내 자식, 내 가족이라 해도 예외는 없습니다. 연인과 이별하면 한때 장밋빛으로 빛나던 세상은 온통 회색으로 변합니다. 열심히 일해서 쌓아 놓은 재산이 하루아침에 날아가기도 합니다. 나의 재산이라 해서 영원히 내 것일 수는 없습니다. 세상일은 그대로인 게 하나도 없는데, 받아들이려고 하지 않으니 괴로울 수밖에 없습니다.

내가 겪는 일들은 풀잎에 맺힌 이슬과 같습니다. 영롱하게 빛나지만 해가 뜨면 사라지는 것들입니다. 영원히 내 앞에 머물 수 없거니와 손으로 잡으려 해도 잡을 수 없습니다. 실체가 없는 것이니까요. 잡는 순간 비어 있는 것임을 알게 됩니다.

우리가 겪는 기쁨이나 슬픔도 마찬가지입니다. 이슬처럼, 환영처럼, 모든 것은 흘러가고 사라집니다. 좋은 일도 나쁜 일도 시간을 따라 흘러갑니다. 그 자체로는 괴로움이 아닙니다. 그저 하나의 일이 생겨난 것일 뿐입니다.

'어떻게 나한테 이런 일이…'라며 나를 개입시키는 순간 괴로움은 시작됩니다. 누군가의 말에 상처받고 화를 내는 것도 마찬가지입니다. 그 순간 나를 지키는 것 같지만, 오히려 스스로를 더 괴롭게 할 뿐입니다. 그 일의 무상함과 실체 없음을 바르게 바라보는 것이 오히려 나를 지키는 길입니다.

우리가 겪는 모든 기쁨과 슬픔, 사랑과 재산, 심지어 '나'라는 존재마저도 무상한 흐름 속에 놓여 있습니다. 그런데 우리는 변화를 받아들이지 못한 채 붙잡고자 애쓰기 때문에 스스로 괴로움을 만들어 냅니다.

이 변화를 받아들이고 집착을 내려놓을 수 있다면 삶은 훨씬 더 가벼워지고 자유로워질 것입니다. '나'의 고유한 정체성이 어떠한 실체가 아님을 깨닫는 순간, 불필요한 두려움과 괴로움에서 벗어날 수 있습니다. 그러니 지금 이 순간의 나를 있는 그대로 받아들이고, 흘러가는 대로 살아가는 것이야말로 지혜로운 삶의 길이 아닐까요?

"존재에 대해 집착하지 말고 유행하라."

"존재에 대해 집착하지 말고 유행하라."

괴로움을 비우는
'무아'의 지혜

❁

천신들과 인간세상 사람들은
내가 아닌 것을 나라고 보면서
몸과 마음에 집착하며
'이것이 진리'라고 생각한다.

〈두 가지 관찰의 경〉 756

'나의 몸이란 없다'에서 출발한 무아의 개념은 점차 '나'라고
하는 자아 관념의 부정으로 확장됩니다. 나아가 '나'라는 주재
자 또는 영혼 같은 것도 없다는 의미로 나아가며, 무아는 불교
만의 독특한 철학적 특징을 이루게 됩니다.

불교가 탄생할 무렵, 당시 인도 주류였던 브라만교는 '아트
만(Ātman)'을 주장하고 있었습니다. 그들은 우주의 근본 원리
인 브라흐만(Brahman)에서 세계와 인간이 비롯되었고, 모든 생
명 안에는 그 신성이 깃들어 있다고 믿었습니다. 인간 내면에
도 영원하고 변치 않는 본질이 존재한다고 보고, 그것을 아트
만이라 불렀습니다. 그들은 '나'라고 하는 것의 본질이 바로 이

아트만이며, 이 생이 끝나고 다음 생으로 윤회하는 것도 아트만이라고 설명했습니다.

브라만교의 아트만 사상에 "그런 건 없다"라고 한마디로 부정했던 사람이 바로 부처님입니다. 아트만의 존재를 부정한 부처님의 가르침은 당대 인도 사회 주류 사상에 맞선 혁신적인 선언이었습니다. 브라만교의 중심 세력인 브라만에 대해서도 그들이 제사를 지낸다고 해서 또는 혈통이 훌륭하다고 해서 고귀한 브라만이 되는 것이 아니고, 행위가 올바른 사람이라야 청정한 브라만이라며 일침을 놓았습니다.

부처님 말씀에 따르면, 그들이 말하는 아트만은 결코 '나' 또는 자아가 아닙니다. 내 안에 변하지 않는 '나'가 있다는 생각은 착각이며, 그런 관념은 어불성설입니다. 그처럼 내가 아닌 것을 '나'로 보는 어리석음 때문에 괴로움이 발생한다고 설명합니다. 욕망과 집착의 밑바닥에는 언제나 자아 관념이 작동하고 있다는 사실을 간파했던 것입니다.

이것이 무아설(無我說)이 등장하게 된 배경입니다. '나'에 대한 잘못된 믿음을 버리고, 그것에 집착하는 어리석음을 깨뜨리라는 뜻입니다. 인간 세상의 다툼과 불화도 대부분 '나'를 내세우는 데서 출발합니다. '나' 또는 '내 것'이라는 생각은 이기적인 욕망과 미움, 증오로 이어집니다.

그래서 초기 경전 곳곳에서는 '나도 없고, 내 것도 없다'라고 반복해 말합니다. 진정한 수행자는 '내 것'을 소유하려는 마음의 집착 없이 세상을 유행하는 사람입니다. "몸과 마음에 대해 '내 것'이라는 집착이 전혀 없는 사람, 없다고 해서 슬퍼하지 않는 사람은 참으로 세상에서 잃을 것이 없는 사람이다"라는 부처님의 말씀처럼 말이지요.

—
'나'는 정말 존재하는가?

인간이란 무엇일까요? 불교에서는 인간을 고정된 실체로 보지 않습니다. 여러 요소가 모여 만들어진 것이라고 설명합니다. 각각의 요소들로 아무리 쪼개어 보아도 거기에는 '나'라고 부를만한 어떤 실체가 없기 때문입니다.

불교 경전인 《밀린다왕문경》에서는 이를 쉽게 설명하기 위해 '수레의 비유'를 들고 있습니다. 밀린다 왕이 나가세나 존자에게 "나란 무엇인가?"라고 묻자, 존자는 "왕께서 타고 오신 수레는 무엇입니까?"라고 질문합니다. "수레 바퀴가 수레입니까?"라고 물으니, 왕은 아니라고 고개를 젓습니다. "수레의 축이 수레입니까?"라고 묻자, 이번에도 왕은 아니라고 말합니다.

　수레의 멍에, 바큇살 등 부품 하나하나를 따져 보아도 그 자체가 수레인 것은 아닙니다. 이 부품들 이외에 따로 수레가 있는 것도 아닙니다. 모든 질문이 끝난 뒤 나가세나 존자는 "이처럼 여러 가지 부품들이 모인 것을 수레라는 이름으로 부르듯이 인간이란 다섯 가지 요소들이 모인 것을 부르는 이름에 지나지 않는다"라고 설명합니다.

　다섯 가지 요소들은 무엇일까요? 우선, '다섯 가지 요소들의 집합(pañcakkhandha)'이라는 의미에서 한자로는 '오온(五蘊)'으로 번역하고 있습니다. '온(蘊)'이란 '집합·무더기'라는 뜻입니다.

　우선 인간을 구성하는 요소로는 몸과 마음이 있습니다. 몸이라는 물질적인 요소를 '색온(色蘊, rūpa)'이라 부릅니다. 마음이라는 정신적인 요소는 다시 몇 가지로 구분할 수 있습니다. 즐거움이나 괴로움 또는 즐겁지도 괴롭지도 않은 느낌을 지각하는 '수온(受蘊, vedanā)', 생각이나 관념이 일어나는 '상온(想蘊, saññā)', 의지와 행동으로 이어지는 '행온(行蘊, saṅkhāra)', 식별하고 판단하는 작용을 하는 '식온(識蘊, viññāṇa)' 등이 있습니다. 이들 다섯 가지 요소는 서로 의존하고 영향을 주고받습니다.

　인간에 대한 오온설은 물질과 정신을 구분하고, 정신적 작용을 다시 감정·사고·의지·의식 등으로 세분하는 방식으로 설명합니다. 이는 현대 철학이나 심리학에서도 유사하게 다루는 접근입니다. 다만, 이러한 요소들을 통합하고 조율하는 자아의 실재를 인정하는 점에서 차이를 보입니다.

불교는 그와는 달리, 그런 자아란 애초에 없다고 말합니다. 인간을 다섯 가지 요소를 아무리 쪼개어 보아도 '나'라고 할 만한 것은 찾을 수 없다는 것입니다. 지금까지의 모든 사상과 종교를 살펴보아도 이처럼 자아의 존재를 부정하는 것은 불교가 유일무이합니다.

오온설을 통해 설명은 다시 이어집니다. 색온은 '내'가 아니다. 수온은 '내'가 아니다. 상온은 '내'가 아니다. 행온은 '내'가 아니다. 식온은 '내'가 아니다. 이렇게 차례대로 반복됩니다. 아무리 쪼개 보아도 '나'라고 부를 만한 것이 없거니와 다섯 가지 요소 하나하나도 '나'는 아니라는 말씀입니다.

더군다나 우리의 몸과 마음은 끊임없이 변합니다. 몸은 변하지 않는 것처럼 보이지만, 시간이 지나면 세포가 교체되고 신체가 달라집니다. 실제로 신체의 대부분 세포는 일정 주기마다 새롭게 생성되고 사라집니다. 이 순간에도 우리의 두뇌와 신경은 새로운 정보를 받아들이며 끊임없이 변화하고 있습니다.

마음 역시 마찬가지입니다. 마치 원숭이가 나뭇가지를 타고 이리저리 이동하듯, 우리의 생각은 끊임없이 변화합니다. '이

건 왜 저렇게 생겼지?', '오늘은 이걸 해야지' 등 수많은 판단과
계획이 쉴 없이 이어집니다.

　과거를 후회하거나 미래를 걱정하며 생각이 꼬리를 물고 이
어지는 것도 마찬가지입니다. 조용히 가라앉히려고 하면 할수
록 마음은 더욱 소란스럽게 흘러갑니다. 다시 말해, 몸도 마음
도 끊임없이 변화하는 흐름일 뿐 '나'라고 할 만한 고정된 실체
가 있는 것은 아닙니다.

　그렇다면 내가 알고 있는 '나'라는 과연 '나'라고 말할 수 있을
까요? 우리의 몸과 마음은 매 순간 변화하고 있는데 어떤 '나'
를 진짜 '나'라고 할 수 있을까요? 우리의 생각과 감정은 끊임
없이 흘러가고 변화합니다. 그 흐름을 멈춰 세우고 내가 아는
'나'를 고집할 필요가 없습니다.

　불교의 오온설과 무아설은 '나'라는 존재의 실체 없음을 말하
는 철학적 논의가 아닙니다. 우리가 삶을 살아가는 태도와 연
결합니다. 자아가 고정된 실체가 아니라는 사실을 깨닫는 순
간 우리는 불필요한 괴로움에서 벗어나게 됩니다. 자아를 잃
는 것이 아니라, 오히려 자유롭고 평온한 삶을 살아갈 수 있습
니다. 사람들의 평가에 흔들리거나, 과거에 대한 후회와 미래
에 대한 불안 속에서 괴로워할 필요가 없습니다.

　결국 '나'에 대한 집착을 내려놓을 수 있다면 불필요한 욕망

과 갈등에서도 벗어날 수 있습니다. 내 몸과 마음을 '내 것'이라 여기는 생각을 놓을 때 우리는 더 많은 것을 받아들이고 삶을 있는 그대로 바라보는 지혜를 얻게 됩니다.

나 자신을 있는 그대로 받아들이는 것, 그것이야말로 삶을 가볍고 자유롭게 살아가는 길입니다. '나'라는 것은 고정된 실체가 아니기에 더는 집착할 이유도 없습니다. 그렇다면 이제는 그 집착에서 벗어나 진정한 자유의 길을 찾아 나서야 할 것입니다.

"내가 아닌 것을 나라고 보면서

몸과 마음에 집착하며

'이것이 진리'라고 생각한다."

"내가 아닌 것을 나라고 보면서

몸과 마음에 집착하며

'이것이 진리'라고 생각한다."

"자신을 섬으로 삼고 세상을 유행하라"

❀

자기 자신을 섬으로 삼고 세상에서 유행하며
아무것도 소유하지 않고
모든 것에서 벗어난 사람들,
그들에게 공양을 올리시오.

〈마가의 경〉 501

'나' 또는 자아가 있다는 느낌은 내가 숨 쉬는 것처럼 너무나 분명해서 부정하거나 의심할 수가 없어 보입니다. 그래서 무아설은 납득하기가 쉽지 않습니다. 내가 있다는 생각에서 한시도 벗어나기 어렵기 때문이지요. 내가 있어야 보고 듣고 맛볼 수 있는 것이 아니냐는 생각에 자꾸만 고개를 갸우뚱하게 됩니다. 부처님이 계시던 당시부터 이 문제는 뜨거운 논쟁거리였습니다.

어느 날 유행자 밧차고타가 찾아와서 부처님께 이렇게 묻습니다. "자아는 있습니까? 없습니까?" 부처님은 아무런 대답도 하지 않았습니다. 밧타고타가 다시 찾아와서 두 번 묻고 세 번

물어도 여전히 묵묵부답입니다. 그가 떠나가자, 아난다는 왜 답변하지 않으셨는지 부처님께 물었습니다. 그때서야 부처님은 이런 말씀을 들려줍니다.

"내가 만일 자아가 있다고 답했으면 그의 잘못된 견해가 더욱 증장할 것이다. 만약 자아가 없다고 답했다면 의혹만 더욱 증장하지 않겠느냐? 자아가 있다는 것이 상견(常見)이라면, 없다고 하는 것은 단견(斷見)이다. 여래는 두 극단을 여의고 중도에 머물러 법을 설한다."

긍정도 부정도 하지 않았던 침묵, 이 사건에서 부처님은 무슨 대답을 해도 밧차고타가 의문을 해결하는 데 도움이 되지 않으리라는 것을 알고 계셨습니다. 그의 질문은 마치 '토끼의 뿔이 긴가 짧은가', '거북이의 털이 부드러운가 거친가'를 묻는 것과 다르지 않습니다. 존재하지 않는 것에 대하여 따져 물어봐야 허튼소리가 되고 맙니다.

부처님은 자아가 있다고 보는 상주론의 견해도 부정하셨지만, 없다고 보는 단멸론의 견해도 부정하셨음을 알 수 있습니다. 두 가지 모두 양극단에 치우친 잘못된 견해이고, 당신의 길은 양쪽 모두를 떠난 중도에 있다고 설명합니다.

독화살부터 뽑아야 하지 않겠나

정작 '자아가 있느냐 없느냐'의 문제는 부처님의 관심사가 아니었습니다. 그러한 질문은 독화살을 맞은 자가 서둘러 화살을 뽑을 생각은 하지 않고 그 화살이 어디서 날아왔는지, 누가 쏘았는지, 무엇으로 만들어졌는지를 알지 않고서는 독화살을 뽑지 않겠다고 말하는 것과 같습니다.

부처님 가르침의 목적은 오로지 "괴로움을 완전히 벗어나게 하는 것"에 있었습니다. 집착과 번뇌에서 벗어나 괴로움을 없애는 것, 오직 그뿐이었습니다. 자아에 대한 철학적 견해나 형이상학적 주장을 펼치는 데 있지 않았다는 이야기입니다.

우리의 사고는 있음과 없음을 구분하는 일에 익숙합니다. 같거나 다르거나, 그렇거나 그렇지 않거나 둘 중의 하나입니다. 그 둘이 중첩되는 일은 없습니다. 동일률과 모순율이 적용되는 세계에 살아가는 것이지요.

그런데 생각해 보십시오. 전자(電子)는 있는 것입니까, 없는 것입니까? 소립자의 미시적 세계에서 전자는 원자 주위에서 운동하고 있습니다. 매 순간 움직이고 있어서 그 위치를 확정할 수 없습니다. 우리가 살아가는 거시적 세계에서 전자는 볼 수도 없고 잡을 수도 없습니다. 하지만 눈에 보이지 않는다고 해서 존재를 부정할 수 없습니다.

문제는 거시적 관점에서 볼 것인가, 미시적 관점에서 볼 것인가의 차이만 남습니다. 있느냐 없느냐의 문제가 아니라, 어떻게 볼 것이냐의 문제라는 뜻입니다.

현실 속에 살아가자면 일상적으로 보고 듣고 생각하는 나의 존재를 부정할 수 없습니다. 그것을 '나'라고 부르는 언어적 표현은 매우 유용합니다. 부처님께서도 설법을 마친 후에는 "나는 ○○라고 설한다"라고 말씀하셨습니다. 일상적으로 먹고 마시고 보고 듣는 '나'에 대해서는 부정하신 적도 없고 부정하실 이유도 없었습니다. 다만 그것이 어떤 실체로서 변하지 않고 존재한다는 것은 처음부터 끝까지 부정하셨습니다.

따라서 무아설을 무조건 '나' 또는 자아의 없음으로 단언하는 것은 부처님의 말씀을 교조적인 도그마(dogma, 이성으로써 비판·증명이 허용되지 않는 교리)로 만들 우려가 있습니다. 오히려 '나' 자신의 존재를 적극적으로 긍정하신 일화도 적지 않습니다.

여인과 술 마시고 놀다가 사라진 여인을 찾느라 정신없는 청년들에게 "여인들을 찾기보다는 자기 자신을 찾는 일에 힘쓰라"라고 말씀하셨고, 세수 80세에 이르러 열반을 앞둔 부처님의 마지막 당부도 "자신을 섬으로 삼고 자신을 의지처로 삼아라. 다른 것을 의지처로 삼지 말라"라는 것이었습니다.

다시 말씀드리지만, 자아가 있느냐 없느냐는 부처님의 주요
관심사가 아니었습니다. 문제는 자아에 대한 견해라고 할 수
있습니다. 영원하지 않은 것을 영원하다고 믿고, 요소들의 결
합에 불과한 것을 실체로서 존재한다고 생각하는 견해들 말입
니다. 상주불변의 어떤 것이 있어서 이 생은 물론이고 다음 생
까지 이어진다는 주장까지 있었습니다. 그러니 "없다", "아니
다"라고 번번이 말씀하실 수밖에요.

자아는 있는 것이 아닙니다. 하지만 없는 것도 아닙니다. 의
미 없는 질문에는 답변하지 않는 것이 좋습니다. 이것이 부처
님께서 침묵하셨던 이유입니다. 여기까지 이해하고 나서도 다
시 질문하고 싶어집니다. "그래서 자아는 있다는 얘기입니까,
없다는 얘기입니까?" 자아에 대한 우리의 생각은 참으로 끈질
깁니다.

이 문제는 불교 안팎에서 오래도록 제기되었습니다. 3~4세
기경에 《아비달마구사론》을 저술한 바수반두는 자아에 대한
집착을 논파하는 〈파아품〉을 독립적인 장으로 다루고 있습니
다. 거기에서 그는 "부처님께서 법을 설하기를 암호랑이가 새
끼를 입에 물듯 하신다"라고 말합니다. 암호랑이가 새끼를 살
짝 물면 땅에 떨어뜨릴 것이고 꽉 물면 죽게 될 터이니 부처
님은 입에 무는 듯 물지 않는 듯, 있다고도 없다고도 말씀하지

않았다고 풀이합니다.

부처님의 침묵은 답변을 회피한 것이 아닙니다. 있음을 주장하는 이에게도 "그렇지 않다", 없음을 주장하는 이에게도 "그렇지 않다", 부정의 입장은 분명합니다. 일체의 견해에 집착하는 마음을 깨뜨리기 위함입니다. 그러니 어떤 관점과 맥락에서 하신 말씀인지 잘 살펴보아야 할 것입니다.

"자기 자신을 섬으로 삼고 세상에서 유행하며

아무것도 소유하지 않고

모든 것에서 벗어난 사람들."

"자기 자신을 섬으로 삼고 세상에서 유행하며

아무것도 소유하지 않고

모든 것에서 벗어난 사람들."

자신을 이긴 사람이
진정한 승리자

누구를 세상의 승리자, 깨달은 분이라 말합니까.
어째서 선한 분이라 하고, 왜 현자라고 합니까.
왜 성자라고 부릅니까.
세존이시여, 저에게 말씀해 주십시오.

〈사비야의 경〉 523

　궁궐을 나온 고타마 싯다르타의 수행은 혹독했습니다. 몇 알의 곡식으로 하루의 끼니를 삼았고, 한낮의 이글거리는 태양 아래 몇 시간이고 앉아 있었습니다. 몹시 추운 날에도 한데서 잠을 잤습니다. 약 6년간의 단식 수행은 그를 죽음의 문턱까지 내몰았습니다. 앙상한 몸에는 온갖 힘줄이 드러났으며, 갈비뼈는 무너진 헛간의 서까래처럼 되었습니다. 깊게 패인 눈에는 눈동자만이 우물 속의 물처럼 반짝거렸습니다. 육체적 욕망을 옥죄며 자신이 찾는 깨달음의 순간을 기다렸지만, 그는 부서질 듯 위태로운 아사 직전의 상태가 되었습니다.

　그는 육체적 고통으로는 정신적인 해탈을 이룰 수 없음을 깨

닫고 자신만의 길을 찾기로 합니다. 몸이 원하는 쾌락에 마음
껏 탐닉하는 것도 아니고, 혹독한 고행으로 몸을 혹사하는 것
도 아닌 중도의 길이었습니다. 알맞게 조율된 몸과 마음이라
야 바른 수행을 할 수 있음을 알게 된 것입니다.

 그는 지나가던 여인 수자타의 우유죽을 받아먹고 빈속부터
달렸습니다. 네란자라 강가에 가서 몸을 씻고 돌아와 자리를
깨끗이 정돈한 후에 시원한 나무 그늘에 앉았습니다. 그리고
'완전한 깨달음을 얻기 전까지는 이 자리를 뜨지 않겠다'라고
결심하며 다시 선정에 들어갔습니다. 보리수 아래 앉아서 며
칠째 깊은 삼매에 빠졌습니다.

 바로 그때 그의 선정을 방해하려는 훼방꾼이 나타납니다.
《숫타니파타》에서는 그의 이름을 악마 나무치로 소개합니다.
나무치는 베다 문헌이나 《마하바라타》에서 인드라 신에게 정
복당한 악마로 묘사합니다. 악마 나무치가 조용히 다가와서
부드러운 목소리로 말했습니다.

 "당신은 야위고 안색이 나쁘고 죽음이 당신의 앞에 있소. 그
대가 살 가망은 천에 하나입니다. 사십시오. 존자여, 사는 것
이 더 좋습니다. 살아야만 공덕도 지을 수 있습니다…. 무엇
때문에 그토록 정진하기를 원하십니까. 정진하는 길은 가기
어렵고, 행하기 어렵고, 성취하기 어렵습니다."

악마 나무치는 그토록 혹독하게 정진하고서 얻는 것이 무엇이냐, 우선은 살아야 하지 않겠느냐고 속삭이듯 말합니다.

"이 세상의 삶은 괴로운 일이 아닙니까? 전쟁에서의 죽음은 패하여 사는 것보다 낫습니다."

부처님은 이렇게 대답하며 선정의 상태에서 물러서지 않았습니다. 악마 나무치가 끼어들 틈은 없었습니다. 나무치는 7년 동안이나 방해꾼으로 부처님을 따라다녔지만, 계속 아무 소득이 없자 실망한 나머지 멀리 떠나가 버렸습니다.

나무치 일화와 비슷한 이야기 어디서 들어 본 적 없나요? 부처님의 성도(成道)를 방해하려고 나타난 마왕 파순의 이야기와 무척 흡사합니다. 마왕의 이야기에 따르면, 그는 먼저 자신의 세 딸을 보내 선정에 든 싯다르타를 유혹하도록 했습니다. 부드러운 몸매에 현란한 춤을 추면서 그가 지닌 감각과 몸의 욕망을 불러일으켰습니다.

하지만 세 여인의 유혹이 통할 리 없었고, 싯다르타는 꿈쩍도 하지 않았습니다. 화가 난 파순은 칼과 창을 든 군대를 보내 불화살을 쏘며 위협했습니다. 이번에도 싯다르타에게는 아무런 위협이 되지 못했습니다. 두려울 게 없었기 때문입니다.

화가 머리끝까지 난 마왕 파순이 드디어 자신의 본모습을 드러냈습니다. 싯다르타의 코앞에 나타나서는 다음과 같이 그를 윽박하고 회유했습니다.

"그대는 속히 일어나 이곳을 떠나라. 그대에게는 전륜성왕의 지위가 보장되어 있지 않은가? 세상에 가서 위대한 왕이 되어 오감의 쾌락을 마음껏 즐겨라. 그대가 추구하는 깨달음은 얻을 수 있는 것이 아니다. 피로만을 더할 뿐임을 어찌 알지 못하는가?"

그러자 고타마 싯다르타는 준엄하게 그를 꾸짖었습니다.

"사악한 자여, 그대가 여기에 온 목적은 무엇인가? 세상에서 아무리 좋은 것도 나에게는 쓸모가 없다. 신들마저 그대의 군대를 물리칠 수 없지만, 나는 지혜의 힘으로 그대의 군대를 쳐부수리라."

그리고는 오른손을 내밀어 손가락으로 땅을 가리키며 "나의 선정이 흔들리지 않았음은 이 대지의 신이 증명하리라"라고 말했습니다. 말이 끝나자마자 대지와 삼천대천 세계의 모든 국토가 크게 진동하였고, 마왕은 부들부들 떨며 땅속으로 사라지고 말았습니다. 그때 오른손으로 땅을 만지던 손가락 모양을 '항마촉지인(降魔觸地印)'이라 부르며, 그 모습을 담은 〈수하항마도〉를 법당의 탱화 속에서 찾아볼 수 있습니다.

마왕 파순의 훼방을 물리친 그날 밤, 싯다르타는 마침내 깨달음을 얻은 자인 '붓다(Buddha)'가 되었습니다. 그의 나이 서

른다섯, 기나긴 밤이 지나고 동쪽 하늘이 밝아올 무렵 정각(正
覺)의 순간이었습니다. 보리수 아래에서 선정에 들어간 지 7일
째 날의 일이었습니다.

—
진짜 적은 외부가 아닌 내면에 있다

　여기에서 영화 속 한 장면을 빼놓고 넘어갈 수 없습니다.
1994년에 개봉한 영화 〈리틀 부다(Little Buddha)〉에서 키아누 리
브스는 싯다르타 역을 맡아 인상 깊은 연기를 펼쳤고, 연출은
〈마지막 황제〉의 감독 베르나르도 베르톨루치가 맡았습니다.
　영화에서 세 딸의 관능적인 춤사위와 수많은 군사가 쏘아 올
린 불화살이 꽃잎이 되어 떨어지는 장면은 무척 인상적입니
다. 또한, 마왕 파순과 싯다르타가 마주 앉은 장면은 그야말로
명장면입니다. 깨달음의 성취로 중요한 국면에서 그 둘의 맞
대결은 극적인 위기감과 전율이 가득합니다.
　특히 마왕이 회유에 실패한 뒤 싯다르타의 모습으로 다시 나
타나는 장면은 오래도록 기억에 남습니다. 싯다르타의 모습을
한 마왕이 말합니다.
　"네가 가고자 하는 곳엔 아무도 없어. 나의 신이 되지 않겠

나? 난 너의 집이야. 넌 내 안에서 살고 있다고."

싯다르타가 응수합니다.

"내 분신이여. 넌 환상일 뿐이니, 넌 존재하지 않아."

그리고 대지가 내 증인이라고 말하는 순간 마왕의 모습은 사라지게 됩니다. 영화는 싯다르타의 최종적인 방해꾼이 다름아닌 싯다르타 자신이었음을 보여 줍니다. 마왕은 쉽게 물리칠 수 있지만 자기 자신은 물리치기 어렵습니다. 스스로를 교묘하게 속일 수 있기 때문입니다. 자아는 환영일 뿐 존재하지 않는다는 것을 이처럼 아름다운 영상 속에 담아내다니, 베르톨루치 감독의 불교적 해석이 단연 돋보이는 장면입니다.

우리는 흔히 외부의 적과 싸워 이기는 것을 '승리'라고 생각합니다. 하지만 가장 강력한 적은 외부에 있는 것이 아니라, 우리 내면에 있습니다. 흔들리고 주저하는 마음, 욕망하고 집착하는 마음, 이 모든 것이 우리를 끊임없이 방해하고 옭아맵니다.

자신을 속이고 묶어 두는 가장 큰 적수는 결국 자기 자신입니다. 그러므로 내 안의 모든 욕망을 이겨 낸 자가 진정한 승리자입니다. 세상의 모든 속박에서 벗어난 자를 우리는 세상의 승리자 또는 '위대한 영웅(Jaina, 大雄)'이라 부릅니다. 법당 현판에 '대웅전(大雄殿)'이라 적혀 있는 것에는 이처럼 자신을 극복한 위대한 승리자를 기리는 뜻이 담겨 있습니다.

　우리는 일상 속에서도 크고 작은 유혹과 맞닥뜨립니다. 실패의 두려움, 인정받고 싶은 욕망, 편안함을 추구하려는 마음, 이 모든 것이 우리를 주저하게 만듭니다.

　궁극적으로 중요한 것은 흔들리지 않는 마음, 유혹을 넘어서는 힘입니다. 부처님께서 마왕의 유혹을 물리치고 깨달음을 얻었듯 우리도 내면의 두려움과 집착을 내려놓는 연습을 해야 합니다. 자신과의 싸움에서 이긴 자, 그가 바로 진정한 승리자입니다.

"누구를 세상의 승리자, 깨달은 분이라 말합니까.

어째서 선한 분이라 하고, 왜 현자라고 합니까.

세존이시여, 저에게 말씀해 주십시오."

"누구를 세상의 승리자, 깨달은 분이라 말합니까.

어째서 선한 분이라 하고, 왜 현자라고 합니까.

세존이시여, 저에게 말씀해 주십시오.

생의 무게를
나에게 견주어라

❀

'나는 그들과 같고 그들은 나와 같다'라고
자신에게 견주어 보면서
죽이지 말고 죽이도록 하지도 말라.

〈날라카의 경〉 705

"살아 있는 것을 죽이지 마라."

불교의 오계 가운데 첫 번째는 불살생입니다. 모든 존재는 고통과 죽음을 두려워합니다. 내가 그러하듯이 그들도 그러합니다. 따라서 생명이 있는 존재라면 어떤 고통을 주어서도 안 됩니다. 함부로 폭력을 행사하거나 죽음에 이르게 해서는 안 됩니다. 모든 생명은 똑같이 소중하기 때문입니다.

불교에서 불살생의 계율이 정해진 유래는 브라만교의 희생 제의에 반대했기 때문이라고 합니다. 인도의 카스트 제도에서 제사를 담당하는 일은 브라만에게 맡겨졌습니다. 이생(이승)에 서 복락을 받고 다음 생에 하늘에 태어나기 위해 그들은 제사를 지내도록 했습니다. 제사를 위해 가축들을 죽여 제단 위에 바치도록 했습니다. 불교에서는 그러한 제사가 무슨 소용이 있느냐고 말합니다. 더욱이 다른 생명을 죽이면서 어떻게 이 생과 다음 생에 복락을 받을 수 있겠느냐고 주장합니다.

하늘에 제사 지내기 위해 가축을 도살하는 일은 동서양 어디서나 나타나는 전통적 의례입니다. 제사나 희생 제의는 축제를 의미하기도 했습니다. 왕이 곡식을 백성들에게 베푸는 축제였고, 전사에게 무기와 임금을 지불하는 축제였습니다. 곤궁한 사람들에게 돈을 빌려주고 채무를 탕감하는 축제였습니다.

시간이 지날수록 제사의 규모는 자꾸만 커져 갔습니다. 보다 많은 복락을 받기 위해 제단 위의 공양물은 더욱 즐비하게 차려졌고, 그럴수록 더 많은 가축이 도살당해야 했습니다.

이러한 제사의 풍습에 부처님은 단호하게 반대했습니다. 그 목소리가 《숫타니파타》의 〈브라만에게 합당한 것의 경〉에 자세하게 실려 있습니다. 이 경전에 따르면 브라만들의 잔인한 희생 제의가 시작된 것은 옥까까 왕 시대부터였다고 합니다. 옥까까 왕은 감자 왕(甘蔗王)이라 부르기도 하는데, 부처님의 종족인 샤카족의 시조로 알려진 전설 속의 왕입니다.

이 경전에서는 옛날의 브라만은 청정한 계율을 지키며 고귀한 삶을 살았으나, 지금의 브라만은 그렇지 못하다고 질타합니다. 예전의 브라만은 소유하는 것 없이 산림에서 유행하며 살았습니다. 그들이 지내는 제사의 양식과 제문은 베다 성전에 정해진 대로 법답게 준수되었습니다.

그런데 브라만들에게 점차 재물을 탐하는 마음이 생겨났습니다. 그들은 옥까까 왕에게 와서 제사를 지내 천신의 복을 받으라고 권합니다. 설득당한 왕은 제사를 지내기로 하고, 제사를 관장한 그들에게 재물을 나누어 주었습니다. 그럴수록 제사의 규모는 자꾸 커졌습니다. 수백 마리의 양을 죽이고 소를 도살하기에 이르렀습니다.

부처님은 수많은 가축의 살생이 제의라는 이름으로 자행되는 것을 강력하게 비난했습니다. 《숫타니파타》의 〈날라카의 경〉에서는 죽임을 당하는 일을 "자신에게 견주어 보라"라고 말합니다. 내가 죽음의 고통을 두려워하듯 그들도 두려워합니다. 그러므로 직접 생명을 해쳐서도 안 되고 다른 이를 시켜 죽게 해서도 안 됩니다. 이런 이유로 불살생의 계율이 생겨났으며, 불교를 따르는 모든 나라에서는 이 계율을 엄격히 지켜오고 있습니다.

—

자기를 사랑하듯 남도 해치지 말라

불살생의 계율은 채식주의를 향한 세계적인 관심 속에서 새롭게 주목받고 있습니다. 국내 채식 인구도 크게 늘어서 유연한 채식에 동참하는 플렉시테리언(Flexitarian)까지 합치면 약 1천만 명에 이른다고 추산합니다.

그들에게 스님들의 사찰음식은 건강한 식생활의 대안으로 떠올랐습니다. 영양 면에서도 손색이 없고, 균형 잡힌 식단으로 몸과 마음의 건강을 도모할 수 있다고 말합니다. 건강한 밥상을 위한 채식 열풍에 가축의 살상에 반대하는 불살생의 정신도 함께 깃들기를 바라는 마음입니다.

특히 육류를 제공하기 위해 닭, 소, 돼지 등은 공장식 밀집 사육이라는 처참한 환경 속에 처해 있습니다. 암탉이나 돼지들은 협소한 공간 속에 갇혀 알 낳고 고기를 생산하는 기계처럼 다뤄집니다. 우리가 살아가기 위해 육식을 피할 수는 없다고 해도 함부로 죽이는 일이나 대규모 공장식 사육은 폭력적인 행위입니다. 그들의 생명 또한 소중하게 다뤄야 합니다.

불살생의 계율은 사람과 사람 사이에서도 지켜져야 합니다. 초기 경전에서는 사람을 붙잡아 칼과 몽둥이로 매질하는 일, 전쟁터에서 칼과 창을 휘두르는 일을 삼가야 한다고 가르칩니다. 불살생에 해당하는 원어 '아힘사(ahiṃsā)'에는 '폭력(hiṃsā) 을 쓰지 않음(a-)'이라는 비폭력의 의미가 담겨 있습니다. 즉, 불살생의 계율에는 인간이 인간에게 가하는 폭력의 문제도 포 함되어 있는 것입니다.

《숫타니파타》와 《법구경》에서는 칼과 몽둥이 같은 무기를 든 이들의 폭력의 문제를 따로 모아 독립된 품(品)을 만들어 놓았 습니다. '모두가 폭력을 두려워하고 모두가 죽음을 무서워한다. 자신과 견주어 그들을 죽여서도 안 되고 죽게 해서도 안 된다' 라는 것이 모든 폭력에 반대하는 불교적 입장입니다. 내가 고 통받기 싫듯, 그들 또한 고통받기를 원하지 않기 때문입니다.

기원전 6세기경, 코살라국을 다스리던 파세나디 왕이 말리 카 왕비와 함께 아름다운 풍경을 즐기던 중 이런 대화를 나누 었다고 합니다.

"당신에게 가장 소중한 것은 무엇인가?"

왕은 듣기 좋은 달콤한 대답을 기대했지만 왕비는 이렇게 대 답했습니다.

"대왕이시여, 제게 자신보다 소중한 것은 없습니다."

조금 서운했던 왕은 잠시 생각에 잠겼고, 이내 자신도 마찬가 지라는 사실을 인정하지 않을 수 없었습니다. 그는 이 이야기 를 부처님께 전했습니다. 그러자 부처님께서 말씀하셨습니다.

"맞습니다. 자기보다 소중하고 사랑스러운 것은 없습니다. 그와 같이 다른 사람에게도 자신이 가장 소중하고 사랑스럽습니다. 그러므로 자기를 사랑하는 사람은 남도 해치지 말아야 합니다."

사람이 세상을 살아가는 데 이보다 더 명확한 이치가 있을까요? 내가 고통을 두려워하듯 그들도 고통을 두려워합니다. 내가 행복을 바라듯 그들도 행복을 바랍니다. 내가 가장 소중하고 사랑스러운 존재이듯, 그들에게도 자신이 가장 소중하고 사랑스러운 존재입니다. 이 단 하나의 원칙만 지킨다면 사람 사는 세상은 훨씬 더 평화롭고 따뜻한 곳이 되지 않을까요?

"'나는 그들과 같고 그들은 나와 같다'라고

자신에게 견주어 보면서

죽이지 말고 죽이도록 하지도 말라."

"'나는 그들과 같고 그들은 나와 같다'라고

자신에게 견주어 보면서

죽이지 말고 죽이도록 하지도 말라."

의연하게 살고 싶다면
비교하지 마라

다른 사람을 어리석다고 깎아내리면서
자기 자신을 훌륭하다고 말한다.
자기 자신을 훌륭하다고 말하는 사람은
다른 사람을 경멸한다고 그와 같이 말한다.

〈작은 배열의 경〉 888

내 인생의 주인은 누구일까요? 당연히 나 자신이라고 말할
수 있지만, 현실에서는 종종 그렇지 않다고 느낍니다. 우리는
사회 속에서 부모, 자식, 친구, 동료 등 여러 역할을 수행하며
살아갑니다.

이러한 역할에 몰두하다 보면 어느 순간 '나는 누구인가?',
'내가 정말 원하는 삶은 무엇인가?' 하는 의문이 들곤 합니다.
남들이 기대하는 모습을 충실히 따르며 살아왔지만 정작 내
삶에서 가장 중요한 것은 나 자신이라는 사실을 잊고 삽니다.

그렇다고 해서 오직 나만을 중심에 두고 살아야 한다는 의미
는 아닙니다. 인간은 사회적 존재이기에 타인과의 관계 속에

서 성장하고 배워 나갑니다. 중요한 것은 자신과 타인을 바라 보는 균형 잡힌 시각이라고 할 수 있습니다.

즉, 조화롭게 균형 잡힌 중도의 시각이 필요합니다. 제멋대 로 살 일도 아니지만, 지나치게 남의 눈치를 볼 일도 아닙니 다. 자기 자신을 지나치게 중심에 두는 것도, 타인의 기대에 맞추느라 자신을 희생하는 것도 바람직하지 않습니다. 남을 배려하는 것은 좋은 일이지만, 그 과정에서 나 자신을 잃어버 리거나 포기해서는 안 됩니다.

타인의 시선을 의식하며 살아갈 필요는 없습니다. 우리는 종종 타인의 인정 속에서 자신의 가치를 증명하려 하지만 중 요한 것은 '내가 나 자신을 어떻게 보느냐'입니다.

부처님께서는 "비난받거나 칭찬받더라도 마음이 흔들리지 않는 사람은 진정으로 평온한 자다"라고 말씀하셨습니다. 남 들의 말에 휘둘리지 않고, 있는 그대로의 자신을 인정할 때 비 로소 자유로워질 수 있습니다.

평온하기가 쉽지 않은 이유는 타인의 기대와 평가가 우리에 게 미치는 영향이 너무 크기 때문입니다. 특히 현대 사회에서 는 비교하는 일이 일상화되었습니다. SNS를 통해 타인의 삶 을 쉽게 접할 수 있고, '좋아요'의 개수로 인정받기를 원하며, 스스로를 평가하는 기준으로 삼습니다. 시시각각 이뤄지는 타인과의 비교 속에서 자신의 가치를 찾으려는 순간 우리는 점점 더 타인의 기준에 맞춰 살아가게 됩니다.

타인과의 비교에서 우위에 서게 되면 우월감과 자만심을 부릅니다. 그렇지 못할 땐 열등감과 자괴감이 찾아옵니다. 자만심이나 열등감은 모두 나에게 이롭지 못한 마음입니다.

《숫타니파타》의 〈작은 배열의 경〉에서는 다른 사람을 어리석다고 깎아내리면서 자기 자신을 "훌륭하다"라고 말하지 말라고 가르칩니다. 자기 자신을 "훌륭하다"라고 말하는 사람에게는 다른 사람을 경멸하는 마음이 숨어 있습니다. 자신은 달인(達人)이라고 말하면서, 다른 이는 어리석은 이라고 낮추어 봅니다. 자만심은 타인을 깎아내리며 불필요한 다툼과 갈등을 만들게 됩니다.

반대로 열등감은 스스로를 갉아먹으며 자괴감을 키웁니다. 우리는 종종 자신의 부족함을 탓하지만 그 속에는 남들처럼 뛰어나고 싶다는 또 다른 욕망이 숨어 있습니다. 열등감 역시 남들보다 우위에 서고 싶은 마음의 잠재된 욕망입니다.

타인과 비교하지 마세요. 타인이 가진 것보다 모자란다고 생각하니까 괴로워지는 것입니다. 우리는 모두 불완전합니다. 단점이 많을 수도 있습니다. 그게 나입니다. 내가 꼭 완벽한 사람, 흠결 없는 사람이어야 되어야 하는 것은 아닙니다. 자신

의 장점은 장점대로, 단점은 단점대로 받아들이고 인정할 수
있어야 합니다.

자신을 향한 연민의 마음부터 일으켜 보세요. 애쓰고 있는
자신을 위해 친절한 말로 위로해 봅시다. 내 마음은 내가 돌보
아야 합니다. 자신에 대한 가치는 누군가가 평가해 주는 것이
아니라 나 스스로 만드는 것입니다.

자신을 너무 가혹하게 평가하지 마세요. 처음부터 잘할 수
는 없습니다. '이 정도는 해야지' 하며 잘하는 사람의 기준선을
지나치게 높게 잡고는 그에 미치지 못한다고 자신을 혹사하는
것은 아닌지요?

모든 사람이 처음부터 그 일을 잘하는 것은 아닙니다. 수없
이 많은 실패가 있었고, 많은 시간과 노력을 다했기 때문에 오
늘의 영광이 있습니다. 그들의 결과만을 가지고 현재 당신의
상황을 비교하는 것은 온당치 못합니다.

—

잘난 삶도 못난 삶도 나의 삶이다

지혜로운 사람은 자신을 다룰 줄 아는 사람입니다. 자기 욕
망의 노예로 사는 것이 아니라, 자신의 욕망을 조절하고 부릴

줄 압니다. 못나고 부족한 대로 자신을 껴안을 줄 아는 사람,
그런 사람이야말로 지혜로운 사람입니다. 목수가 활을 만들고
배를 만드는 일과 같습니다. 그처럼 자신을 다듬는 사람만이
자신의 주인이 되어 살아갈 수 있습니다.

나무와 풀은 그 자신의 모습으로 서 있지, 다른 존재가 되려
고 하지 않습니다. 오직 인간만이 다른 사람과 비교하고 그처
럼 되지 못해 괴로워합니다. 정원 앞에 선 나무는 바람이 불면
바람을 견디고, 비가 오면 비를 견디며 묵묵히 서 있습니다.
우리도 있는 그대로의 자신을 받아들일 때 비로소 평온할 수
있습니다.

그렇다면 어떻게 해야 비교하는 습관에서 벗어날 수 있을까
요? 일단 SNS 사용 시간부터 줄여 보세요. 최근 연구에 따르
면 SNS 사용 시간이 길수록 삶의 만족도가 낮아지는 경향이
있습니다. 타인의 삶을 들여다보는 시간이 줄어들수록 나 자
신에게 집중할 시간이 늘어나게 됩니다.

또한, 하루에 한 번 자신이 잘한 일을 칭찬해 주고 기록으로
남겨 보는 것도 좋습니다. 타인과의 비교로 흔들리지 않고 자
기 자신을 온전하게 인정하는 시간이 됩니다. 타인의 평가에
는 적당히 귀를 닫기 바랍니다. 타인의 칭찬이나 비난은 그들
의 생각일 뿐 나의 생각은 아닙니다. 그냥 자신이 선택한 길을

걸어가세요.

그래도 타인의 평가가 신경 쓰일 땐 '이 평가가 내 삶에 실질
적인 영향을 미치는가?'를 자문해 봐야 합니다. 그들의 칭찬과
비난은 한때 불어오는 바람과 같습니다. 바람이 불어왔듯 언젠
가는 사라집니다. 그 무엇으로도 내 삶의 본질은 바꿀 수 없습
니다.

자신을 있는 그대로 받아들이고, 불필요한 비교에서 벗어나
며, 타인의 평가에 흔들리지 않는 삶! 이것이야말로 자기 자신
의 주인이 되어 살아가는 길입니다.

불교가 우리에게 전하는 가르침은 자기 자신을 다룰 줄 아는
사람이 진정으로 지혜로운 사람이라는 것입니다. 욕망의 노예
가 되지 않고 스스로를 절제하며 성장해 나가는 사람, 목수가
나무를 깎아 활을 만들 듯 언제나 자신을 다듬는 사람, 그렇게
자신을 갈고닦는 사람만이 자신의 삶을 온전히 주체적으로 살
아갈 수 있습니다.

"자기 자신을 훌륭하다고 말하는 사람은

다른 사람을 경멸한다고 그와 같이 말한다."

"자기 자신을 훌륭하다고 말하는 사람은

다른 사람을 경멸한다고 그와 같이 말한다."

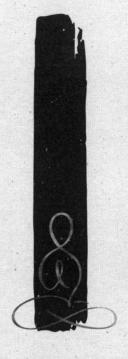

5장

"살고 죽는 일에 휘둘리지 마라"

생사의 바다를 현명하게 건너는 법

백 년을 살아도
결국은 이별이다

젊은이도 늙은이도
어리석은 이도 지혜로운 이도
모두 죽음 속으로 간다.
모든 존재의 마지막 지점은 죽음이다.

〈화살의 경〉 578

이 세상에 태어난 모든 생명은 죽음을 맞게 됩니다. 태어난
자가 죽음을 피할 방법은 없습니다. 젊었을 때 질병이나 갑작스
런 사고를 겪지 않고 운 좋게 무병장수를 누린다 해도 결국 우
리 앞에 기다리는 것은 죽음입니다.

생명을 지닌 모든 존재의 운명은 그러합니다. 익은 과일이 언
젠가는 떨어지듯, 옹기장이가 빚은 그릇이 언젠가 깨어지듯 죽
음은 반드시 찾아옵니다.

삶이란 시간이라는 이름의 선로 위를 달리는 기차에 몸을 싣
는 것과 같습니다. 기차 안에서는 자신이 움직이고 있다는 사
실조차 잊기 쉽습니다. 창밖 풍경에 시선을 빼앗긴 채 그 안에

서 울고 웃으며 많은 시간을 보내게 되지요. 누군가를 만나 사랑하고, 좌절하고, 기뻐하는 이야기는 저마다 다르지만 이 여행의 종착지는 누구에게나 같으니, 그것이 바로 죽음입니다. 결국 누구나 그곳에 내려야 합니다.

현대의학에서 죽음이란 생명 현상이 완전히 멈추는 순간을 말합니다. 호흡과 혈액 순환이 정지하면, 의식 또한 떠나갑니다. 불교 용어로는 지·수·화·풍 4대 원소로 흩어져 소멸하는 일이라고 할 수 있습니다.

4대 요소의 인연화합(因緣和合)으로 삶이 시작되고, 인연이 다하면 흙과 물 그리고 허공 속의 바람으로 사라집니다. 죽음의 순간 인간의 생명이 다할 때 따뜻하던 몸은 차갑게 식어버립니다. 병고에 시달리며 죽음의 문턱을 오가다 보면 가까운 이의 얼굴도 알아보지 못하는 혼수 상태에 머물기도 합니다. 단말마의 신체적 고통과 함께 의식도 자취를 감춘 것이지요.

죽음은 '존재의 소멸'이라는 점에서, 인간에게 가장 깊고도 근원적인 두려움을 안겨 줍니다. 삶의 유한성 앞에서 인간은 늘 불안해 왔고, 이를 해소하기 위해 종교를 만들고 철학을 탐구해 왔는지도 모릅니다. 죽음이라는 사건 앞에서 자신이 얼마나 무력한 존재인가를 절감하며 죽음의 두려움을 해소하고자 했던 것입니다.

오늘날 의료 기술의 발달로 늙고 병드는 일의 고통이 다소 줄었지만, 정작 죽음의 문제만큼은 여전히 해소되지 못했습니다. 어쩌면 영원히 풀 수 없는 영역일지도 모릅니다.

카필라국의 왕자였던 싯다르타가 집을 떠나기로 결심한 결정적 사건은 궁전 밖의 거리에서 보았던 사람들의 늙음과 병듦 그리고 죽음의 문제였습니다.

어느 날 그는 동문 밖에서 구부정한 어깨의 늙은이가 힘겹게 앉아 있는 모습을 보게 됩니다. 누구나 늙지 않을 수 없음을 알고 나서 근심에 사로잡힙니다. 남문 밖에서 병든 사람이 거친 숨을 몰아쉬며 육체적으로 고통스러워하는 모습을 보고 나서는 더 큰 근심에 빠집니다.

서문 밖에서 죽은 사람의 장례 행렬을 보고 나서는, 자신뿐만 아니라 자신의 아버지인 정반 왕도 죽음을 피할 수 없으며 세상 사람 모든 이들이 그러하다는 사실에 고통스러웠습니다. 더구나 자신의 어머니 마야부인은 싯다르타를 낳고서 7일만에 세상을 떠나갔으니, 어머니의 부재 속에서 싯다르타는 늘 죽음이 두려웠을 것입니다.

마침내 북문 밖에서는 수행자들을 보게 됩니다. 야위고 초췌한 겉모습과 달리 그들에게서는 어디선가 풍겨오는 초탈의 향기가 느껴졌습니다. 이 사건은 자신도 그들처럼 수행자의 길을 가겠다고 결심하는 결정적인 계기가 됩니다.

동·서·남·북 네 개의 문밖을 돌아다니며 보았다는 의미의 '사문유관(四門遊觀)', 다분히 도식적인 이 이야기 속에서 늙고 병들고 죽는 일을 처음 목격한 어린 싯다르타의 충격을 접하게 됩니다. 죽음이라는 사건과 처음 맞닥뜨리는 일, 그 사건은 누구에게나 충격적이지 않습니까? 인간이 피할 수 없는 삶의 진실을 보아 버린 것입니다.

늙고 병들고 죽는 일이야말로 크나큰 고통의 근본임을 통찰하고 그 고통에서 벗어나는 길을 모색하기 시작합니다. 자신뿐만 아니라 세상의 모든 이가 늙고 병들고 죽는 일의 고통에서 벗어나는 방법을 찾기 시작합니다.

여기에서 생·노·병·사 그 자체가 괴로움이라고 할 수는 없습니다. 태어난 생명은 무엇이든 죽기 마련이라는 사실을 모를 리 없습니다. 봄·여름·가을·겨울의 순환처럼 자연스러운 우주적 순환의 일부임을 알고 있지만, 인간은 늙음과 병듦 그리고 죽음의 고통 앞에서 근원적인 괴로움을 경험하게 됩니다.

《숫타니파타》에서 우리는 다음과 같이 한탄하는 소리를 들을 수 있습니다.

"삶은 참으로 짧구나. 백 년도 못 되어 죽는다. 더 산다 해도 늙어서 죽는다."

《숫타니파타》, 〈늙음의 경〉 804

요즘은 100세 시대라고 하니, 백 년도 못 되어 죽는다는 말이 틀린 소리가 될는지 모르겠습니다. 건강한 상태로 오래 살 수 있다면 모르겠지만, 건강하지 않은 상태로 오랫동안 누군가의 돌봄을 받아야 한다는 것을 생각하면 공포스럽게 느껴지는 일입니다.

다행히 더 오래 산다 해도 질병과 함께하는 노년의 삶은 말할 수 없이 고통스럽습니다. 죽음과 맞닥뜨리는 일은 결국 피할 수 없고, 꿈에서 본 사람을 다시 만나지 못하듯 사랑하는 사람들과 작별해야만 합니다.

—

늙은 핑기야의 질문

핑기야라는 이름의 선인(仙人, ṛṣi)이 있었습니다. 선인이란 산림에서 은둔하는 수행자를 일컫는 말인데, 1,000명의 제자가 있을 만큼 유명한 선인이었습니다. 《숫타니파타》에서는 바바린의 제자 열여섯 명 가운데 한 사람으로 등장합니다. 바바

린 역시 베다에 통달한 브라만으로서 세상의 존경을 한몸에
받고 있었습니다. 부처님을 만났을 때 핑기야는 이미 120살이
다 된 늙은이였습니다. 나이가 많은 탓인지 그에게는 아무런
성취가 없었습니다. 그래서 그는 간절한 마음으로 부처님께
간청합니다.

"나는 늙고 쇠약하고 얼굴빛도 바랬습니다. 눈도 선명치 않고 귀
도 잘 들리지 않습니다. 제가 어리석은 채로 죽는 일이 없도록 해
주십시오. 제가 이 세상에서 태어남과 늙음의 버림을 알 수 있도록
가르침을 설하여 주십시오."

부처님께 가르침을 청하는 핑기야의 모습이 눈앞에 선합니
다. 눈도 잘 보이지 않고 귀도 잘 들리지 않는 핑기야, 그가 청
하는 부처님의 가르침은 이게 마지막이 될지 모릅니다. 아직 깨
달음의 성취에 이르지 못한 한탄 속에 죽음의 시간이 얼마 남지
않았음을 예감하면서 마지막이 될지 모르는 가르침을 청하고
있습니다. 왠지 그의 눈가엔 눈물이 맺혀 있을 것만 같습니다.
　노년에 접어들수록 불안과 근심으로 잠들지 못하는 밤이 이
어집니다. 몸도 예전 같지 않지만, 마음도 예전 같지 않습니
다. 시간이 얼마 남지 않았을지도 모른다는 생각에 공연히 마

음만 바빠집니다. 해 질 녘 어둠이 내리기 시작한 것처럼, 노
년의 시간 앞에서 죽음의 문제를 직감합니다. 우리가 맞닥뜨
릴 시간은 결국 죽음이라는 사실을 어슴푸레 알 것 같습니다.

이 세상에서 천년만년 살 것 같지만, 우리 인생은 백 년을 살
기도 쉽지 않습니다. 백 년을 넘긴다 해도 기다리는 것은 죽음
일 뿐입니다. 우리 모두 죽음의 화살을 맞은 존재들 아닙니까.
초대하지 않아도 죽음의 사자는 반드시 죽음의 노크 소리를 내
며 찾아올 것입니다. 이 모든 사실을 인정한다 해도, 지금 겪을
일이 아니니 먼 미래의 일로 치부합니다. 죽음의 문제를 외면
하는 것이지요.

하지만 죽음은 먼 미래의 일이 아닙니다. 지금 당장 당신에
게 벌어진다 해도 이상할 것이 하나도 없을 만큼 우리 곁에 가
까이 있습니다. 애써 외면하고 있을 뿐입니다.

죽음은 마냥 두려워할 일이 아닙니다. 삶과 죽음은 본래 시
작도 없고 끝도 없는 것, 죽음이 이생의 끝이라는 우리의 생각
이 괴로움을 부른다고 할 수 있습니다. 죽음의 문제와 마주할
수 있는 용기, 그 괴로움에서 벗어날 수 있는 바른 지혜가 필
요합니다. 노년에 접어들었다면 늙고 쇠약하고 빛바랜 얼굴을
슬퍼할 일이 아니라, 얼마 남지 않은 시간을 헤아리며 죽음을
맞이할 바른 지혜를 찾아 나서야 할 것입니다.

"모든 존재의 마지막 지점은 죽음이다."

"모든 존재의 마지막 지점은 죽음이다."

윤회의 사슬을 끊는 깨달음

❧

죽음에 떨어져 저세상으로 가는 사람들,
아버지도 자식을 구하지 못하고
친척들 또한 구하지 못한다.

〈화살의 경〉 579

아들을 잃고 울부짖는 한 어머니의 이야기가 있습니다. 여인의 이름은 키사 고타미로, 그에게 하나뿐인 아들이 있었는데 어느 날 갑자기 죽고 말았습니다. 큰 슬픔에 빠진 그는 죽은 아들을 부여안고서 울부짖다가 아이를 살려달라며 미친 듯 거리를 헤매 다녔습니다. 하나뿐인 자식을 잃은 어머니의 마음이 오죽했겠습니까.

그의 사정을 안 누군가가 기원정사에 계시는 부처님을 찾아가 보라고 권합니다. 여인은 한걸음에 달려가 부처님 앞에 엎드려 애원합니다.

"부처님, 제 아들을 살려주십시오. 제발 살려주십시오."

어떤 말로도 그를 진정시킬 수 없음을 아신 부처님은 이렇게 말씀하셨습니다.

"여인이여, 내가 아들을 살려주겠다."

아들을 살려주겠다는 말에 여인의 마음은 뛸 듯이 기뻤습니다.

"먼저 마을로 가서 겨자씨 한 줌을 구해 오시오. 단, 그 겨자씨는 지금껏 사람이 죽은 적 없는 집에서 가져온 것이어야 합니다."

여인은 한걸음에 마을로 달려가 이 집 저 집을 두드리며 겨자씨를 달라고 애원했습니다. 그러나 지금껏 사람이 죽은 일이 없는 집은 단 한 곳도 없었습니다.

아이를 되살릴 겨자씨를 구할 수 없다는 사실을 깨달은 고타미는 그제야 죽음은 자신에게만 닥친 특별한 일이 아니라 세상 모든 집에서 일어난다는 사실을 비로소 받아들이게 됩니다.

죽음의 보편성·일반성에 대한 자각이 고타미의 울부짖음을 멈추고 아들의 죽음을 받아들이는 지혜의 눈을 뜨게 했습니다. 그 뒤로 고타미는 출가하여 부처님의 제자가 되었다고 합니다.

죽음은 두렵습니다. 그 두려움은 죽음 이후의 세계를 알지 못한다는 데서 비롯됩니다. 죽기 전까지는 죽음을 알 수 없고 죽음의 문을 넘어간 이는 돌아와 설명해 주지 않습니다. 우리 모두가 도착할 곳이지만 그 실상을 아무도 모른다는 것, 이것이 바로 우리의 현실입니다.

그래서일까요? 공자는 죽음에 대해 묻는 제자에게 "삶을 아직 다 알지 못하는데, 어찌 죽음을 알겠는가(未知生 焉知死)"라고 말했습니다. 죽음의 문제를 언급하는 일을 피하려고 한 것으로 읽히지만, 알 수 없는 일에 대해서는 알지 못한다고 말하는 정직함으로 이해됩니다.

부처님 역시 "여래는 죽음 이후에 존재하는가"와 같은 질문에 침묵하셨다고 합니다. 내세나 영혼의 문제와 같은 형이상학적 문제에는 답변을 하지 않으셨습니다. 대신에 자신의 가르침은 오직 '괴로움에서 벗어나는 길'에 관한 것이라고 밝히고 있습니다.

태어난 이상 죽음을 피할 수 없다는 사실을 누구나 알고 있습니다. 자연스럽고 당연한 세상의 이치입니다. 하지만 나 자신이나 가족, 가까운 지인의 죽음은 형언할 수 없는 고통을 가져다줍니다. 다시 만날 수 없는 까닭이지요. 다시 만나 이야기를 나누거나 두 손을 잡아 볼 수 없습니다. 죽음이라는 사건을 머리로 이해하는 일은 수용 가능한 영역에 속하지만 나의 죽음이나 누군가의 죽음을 가까이서 지켜보는 실존적 경험의 문제는 이와 다릅니다.

죽음의 순간이 다가왔을 때는 아버지와 어머니도 자식을 구하지 못하고, 자식도 아버지와 어머니를 대신하지 못합니다. 다른 어떤 친척들도 그를 구해 줄 수 없습니다. 누구도 가르쳐 준 일 없고, 한 번도 가본 적 없는 길을 혼자서 가야만 합니다. 인간이 얼마나 고독한 존재인지, 죽음의 순간에는 너무나 분명해집니다.

—
윤회의 고통에서 벗어나는 길

부처님이 계실 무렵 인도 사회에는 윤회 사상이 이미 자리 잡고 있었습니다. 한 생명이 이 세상에서 죽음을 맞으면 다음 세상에 다시 태어난다고 믿는 고대 인도의 관념입니다. 윤회의 개념은 인도의 원주민 드라비다족에게서 유래했다고 합니다. 이후에 인도 사회의 주류가 된 아리안족이 윤회 사상을 받아들여 인도의 지배적인 문화로 정착시키게 됩니다.

윤회 사상에 따르면 모든 존재는 탄생과 죽음은 반복하며 순환합니다. 그 순환은 시작도 없고 끝도 없이 영원히 반복됩니다. 윤회의 순환에서 죽음은 생명의 소멸이 아니라, 새로운 생명의 시작으로 이어집니다. 이러한 관념은 죽음의 고통을 상당 부분 덜어 주었을 것으로 보입니다. 또한 다음 생에는 보다 좋은 곳에 태어날 수 있다는 희망을 안겨 주었을 것입니다.

윤회 사상은 불교에도 자연스럽게 수용됩니다. 이 세상에는 천신·인간·아수라·지옥·아귀·축생의 중생들이 살고 있으며, 그가 지은 행위에 따라 육도를 윤회한다고 설명합니다. 하지만 윤회를 바라보는 시선은 근본적으로 달랐습니다.

한 존재에서 다른 존재로 다시 태어남은 또 다른 죽음으로 가는 고통의 연속이기 때문입니다. 최상의 세계로 간주되는 천상에 태어난다 하더라도, 천신들의 세계에서 영원히 살 수는 없습니다. 인연이 다하면 또다시 윤회하는 고통을 겪게 됩니다.

따라서 윤회의 반복적인 순환에서 완전히 벗어나는 것을 궁극의 목표로 삼게 됩니다. 다시 태어남이 없는 것, 더 이상의 재생을 초래하지 않는 것이 열반이자 완전한 해탈이요, 깨달음의 성취입니다. 그래서 부처님을 '태어남과 죽음 너머로 간 사람'이라 부르고 있습니다. 생사윤회의 고통을 완전히 초월한 완성자라는 뜻입니다.

아들을 잃고 슬픔에 울부짖던 고타미를 멈춰 세운 것은 죽음의 보편성에 대한 자각이었습니다. 누구나 죽음을 피할 수 없다는 일반성, 그 평범한 진리가 내 아이라고 해서 비껴갈 수 없음을 받아들이게 된 것입니다. 그것은 인간의 운명이 지닌 보편성에 대한 자각과 함께 이 죽음의 고통에서 벗어나야 한다는 깨우침을 가져왔습니다. 이생을 마치고 어딘가에 태어나 또다시 죽음의 고통을 반복해서는 안 된다는 깨우침이었습니다. 아들의 죽음은 한 어머니를 수행자로서 거듭나도록 만드는 계기가 되었습니다.

다행히도 부처님의 제자가 된 고타미는 훗날 수행의 최고의 경지인 아라한(Arahant)*을 성취했다고 합니다. 죽음의 문제를 직시하는 지혜의 눈을 가졌기 때문일 것입니다.

★ 아라한은 초기 불교에서 수행자가 도달하는 가장 궁극적인 경지를 말한다. '깨달은 자', 즉 붓다(buddha)와 함께 부처님을 부르는 명호 가운데 하나로 사용되고 있다. 원어에는 '도둑과 같은 번뇌를 모두 죽인 자(殺賊)'라는 의미가 있고, 그리하여 일체중생의 '공양을 받을 만한 자(應供)'라는 의미가 담겨 있다. 대승 불교에 들어와서는 이상적인 수행자를 보살(bodhisatta)라고 부르고, 아라한을 소승의 경지로 낮추어 보는 견해가 자리 잡게 된다.

"죽음에 떨어져 저세상으로 가는 사람들,

아버지도 자식을 구하지 못하고

친척들 또한 구하지 못한다."

"죽음에 떨어져 저세상으로 가는 사람들,

아버지도 자식을 구하지 못하고

친척들 또한 구하지 못한다."

"이 몸도 언젠가는
송장과 같으리라"

❀

일어나라! 앉아 있어라!
고요함을 확고하게 익혀라!
방일함에 굴복당한 것을
죽음의 왕이 알고서 지배하지 않도록.

〈일어남의 경〉 332

세수 80세를 누린 부처님은 자신의 기력이 쇠한 것을 느꼈습니다. 깨달음을 얻은 분이어도 인간의 몸을 지닌 이상, 육신이 무너져 죽음에 이르는 것을 피할 수 없었습니다.

"내 육신은 이미 늙어 마치 낡은 수레가 가죽끈에 의하여 겨우 움직이고 있는 것 같구나. 방편의 힘으로 겨우 이 고통을 참고 있구나."

이렇게 말씀하시자 제자 아난다는 눈물을 감출 수 없었습니다. 부처님의 사촌 동생이었던 그는 항상 부처님 곁을 지키며 가까이서 시봉을 하였으니, 남들과 달리 슬픔이 더욱 컸습니다. 입멸(入滅)의 순간이 다가왔을 때, 부처님은 울고 있는 아난다의 어깨를 두드리며 다음과 같이 말씀하셨습니다.

"울지 마라, 아난다여! 항상 말하지 않았더냐. 아무리 사랑하는 사람일지라도 이별은 피할 수 없는 것이라고. 태어나고 생겨나는 모든 것은 변하고 소멸할 수밖에 없는 것이라고. 그러니 내 죽음을 슬퍼하지 말고, 부지런히 정진하여라."

마지막으로 가르침을 청하는 제자들에게 고통에 관한 네 가지 진리, 즉 사성제(42쪽 참고)를 다시 한번 설하시고 평소처럼 오른쪽 옆구리를 땅에 대고 고요히 누워 열반(涅槃)에 드셨다고 합니다.

열반이란 모든 번뇌가 사라진 상태, 즉 불이 꺼지듯 모든 번뇌가 남김없이 사라진 것을 의미합니다. 룸비니 동산에 오신지 80년, 보드가야에서 깨달음을 성취하고 사르나트에서 처음으로 법을 설하신 지 45년 되던 해, 쿠시나가라에서 부처님은 완전한 고요의 적막 속에서 세상을 뜨셨습니다.

부처님의 마지막 당부는 《숫타니파타》에서도 생생하게 들을 수 있습니다.

"일어나라! 앉아 있으라! 화살을 맞은 이에게 잠이 웬 말이냐? 죽음의 왕이 그대를 지배하기 전에 신과 인간들의 세계에 머물고자 하는 욕망의 집착에서 벗어나라. 한순간도 헛되이 보내지 말라. 깨어 있는 지혜에 의해 자신의 화살을 뽑는 일에 정진하라."

《숫타니파타》, 〈일어남의 경〉 331

죽음이라는 절체절명의 사건 앞에서는 모든 것이 명료해집니다. 지금까지 그토록 애써 왔던 모든 일이 별것 아니었다는 사실을 알게 됩니다. 거짓된 모든 것이 사라지는 순간입니다. 원하는 바를 성취한 자이든 그렇지 못한 자이든 차이가 없습니다. 많이 소유한 자이든 그렇지 못한 자이든 차이가 없습니다. 죽음 앞에 한 생명이 떨고 있을 뿐입니다. 누군가의 죽음을 지켜보면서 인간은 죽음을 향해 가는 존재라는 사실을 더없이 분명해집니다.

그래서 부처님은 지금 당장 "일어나라, 앉아 있어라, 방일하지 말아라!"라고 말씀하셨습니다. 게으른 것을 알고서 죽음의 왕이 찾아와 마음대로 지배하지 않도록 말입니다.

늘 죽음을 기억하라

　죽음은 생각보다 가까이에 있습니다. 죽음을 곁에 두고 자주자주 떠올리는 것이 필요합니다. 《숫타니파타》에서는 "저 죽은 송장도 전에는 이 몸과 같았을 것이고, 이 몸도 언젠가는 저 송장과 같이 될 것이다. 이처럼 알고 안으로나 밖으로나 몸에 대한 욕망에서 벗어나야 한다"라고 말합니다. 내 몸 보기를 송장 보듯 하라는 말씀입니다.

　152쪽에서 이야기했듯, 초기 불교에서는 시체가 썩어가는 모습을 관찰하는 부정관을 수행법의 하나로 제시했습니다. 수행자는 묘지에서 시체를 관찰한 뒤에, 자신이 머무는 곳으로 돌아와 그 생생한 이미지를 떠올려 보면서 명상의 대상으로 삼았습니다.

　시체가 부패하는 과정을 단계별로 관찰함으로써 자신의 몸을 향한 집착에서 벗어나고, 감각적 욕망을 쫓는 일의 부질없음을 깨닫도록 했습니다. 살아 있는 존재들은 결코 죽음을 피할 수 없다는 사실을 마음에 새기라는 뜻입니다.

　시체를 관찰하는 방법 이외에도 자기 몸 안에 있는 온갖 부정한 것들, 예를 들면 똥, 오줌, 고름, 가래 등을 차례대로 관찰함으로써 자신의 몸을 향한 집착과 탐욕을 다스리도록 했습니다.

티벳 불교에서도 죽음에 대한 관상을 수행법으로 정착시켰습니다. 임종 자리에 누워 있는 자신의 모습을 구체적으로 떠올리며 눈앞에 현존하는 것처럼 관찰합니다. 부모와 친척들이 눈물 흘리고 울부짖는 모습을 떠올립니다. 자신의 얼굴이 창백해지고 입술이 마르고 체온과 목숨이 몸에서 떠나가는 것을 지켜봅니다. 죽음의 순간을 실제처럼 느껴보는 것입니다. 요즘 말하는 죽음 체험과 같은 방식입니다.

죽음을 기억하라는 종교적 메시지는 가톨릭 〈성 베네딕도회 규칙서〉에서도 찾아볼 수 있습니다. 이 규칙서에는 '날마다 죽음이 곁에 있음을 기억하라'라는 조항이 실려 있습니다. 성직자가 해골을 책상 앞에 올려놓고 명상하는 그림에서는 '메멘토 모리(memento mori)'라는 라틴어가 떠오릅니다.

'죽음을 기억하라'라는 의미를 지닌 이 말은 중세의 수도승들이 나누는 인사말이었습니다. 원래는 고대 로마에서 유래되었다고 합니다. 원정에서 승리하고 돌아온 개선장군이 시가행진을 할 때 "전쟁에서 승리했다고 우쭐대지 말라. 오늘은 개선장군이지만, 너도 언젠가는 죽는다. 그러니 겸손하게 행동하라"라고 노예들을 시켜 큰소리로 외치게 했던 풍습에서 나왔습니다.

죽음에 대한 명상은 인간이란 죽음을 향해 가는 존재임을 각인시켜 줍니다. 인간의 운명이 지닌 유한성을 자각하면서, 비

로소 우리는 '어떻게 살 것인가'를 고민하게 됩니다. 죽음을 생
각하면서 진정한 삶의 의미를 찾게 되는 것이지요. 무엇 때문
에 그토록 바쁘게 살아왔던가, 걸음을 멈추고 지나온 여정을
돌아보게 됩니다.

　삶의 모퉁이를 돌아설 때마다 마지막 종착지인 죽음을 기억
해야 합니다. 승리의 순간일수록, 행복한 순간일수록 더욱 그
렇습니다. 모든 소유와 갈망이 부질없음을 알아차리고, 깊숙
이 들어선 죽음의 그림자를 떠올려야 합니다.

　건강하고 행복한 생활을 추구하는 웰빙(well being)에 대한 관
심만큼, 바람직한 죽음을 준비하는 웰다잉(well dying)에 대한
관심도 높아지는 추세입니다. 나의 장례식을 상상하며 미리
유언장을 작성해 보라고 권하기도 합니다. 연명치료 중단 의
사를 밝힘으로써 자신이 원하는 곳에서 원하는 방식으로 죽음
을 맞겠다는 의지를 표시하기도 합니다.

　그들이 원하는 죽음은 살아온 날들을 찬찬히 되돌아보며 남
겨질 가족들에게 감사의 마음과 미안함을 전하고, 인간으로서
의 존엄을 다하는 아름다운 마무리일 것입니다. 잘 죽기 위해
잘 사는 법을 고민해야 합니다. 하루하루가 내 인생의 마지막
날인 것처럼 후회 없는 삶을 살아야 할 것입니다.

"일어나라! 앉아 있어라!

고요함을 확고하게 익혀라!"

"일어나라! 앉아 있어라!

고요함을 확고하게 익혀라!"

죽음의 순간을
넘을 때

✽

부서지기 전에 갈애를 떠나고
과거에 얽매이지 않고
현재에 기대지 않으면,
미래도 걱정할 것이 없다.

〈죽기 전에의 경〉 848

《숫타니파타》 책장을 넘기다가 눈길을 사로잡는 제목이 하
나 있었습니다. 〈죽기 전에의 경〉이 그것입니다. 제목이 흥미
롭지 않나요? 죽음의 순간, 나는 과연 어떠한 마음으로 그 순
간을 지나게 될는지요. 이생에서 이루지 못한 일에 대한 후
회와 자책이라면 어쩌나…. 평생을 노력해서 이룬 것을 아무
것도 가져갈 수 없는 일에 대한 원망과 한탄이라면 이를 어쩌
나…. 그래서 조금이라도 이 삶이 지속되기를 간절히 바란다
면, 죽음의 사자는 과연 받아들여 줄까요.

주석가 붓다고사에 의하면 〈죽기 전에의 경〉은 부처님이 오
백 명의 아라한과 함께 카필라바스투 마하바나(부처님의 고향

으로 알려진 고대 도시)에 머물고 계실 때 설한 것이라고 합니다. 오백 명의 아라한은 원래 사캬족과 콜리야족의 젊은이들이었 는데, 부처님이 히말라야의 쿠날라 호수에서 하신 설법을 듣 고서 모두 아라한이 되었다고 합니다.

　그들이 도달한 깨달음의 경지를 게송으로 읊은 것을 한데 모 아 경전으로 엮었습니다. 그것이 바로 〈죽기 전에의 경〉입니 다. 그들은 부처님께 이와 같이 질문합니다.

　"어떤 통찰과 어떤 계행을 지니면 '평온한 이'라고 부릅니까?"

　이 물음은 저에게 뜻밖이었습니다. 거룩한 이가 되는 최상 의 길을 말씀해 달라고 청하는 그들의 질문이 깨달음의 경지 나 해탈의 비밀스러운 길에 관한 것이 아니었기 때문입니다. 그들의 관심은 오직 '평온한 이'에 이르는 길이었습니다.

　이 질문에 부처님은 "몸이 부서지기 전에 갈애를 떠나고, 과 거에 얽매이지 않고, 현재에 기대지 않으면, 미래도 걱정할 것 이 없다"라고 대답합니다. 즉, 과거의 일을 돌이키며 회한과 원 망으로 슬퍼하지 말고, 미래에 어떤 존재로 태어날 것인가에 대 한 갈망도 일으키지 말라는 것입니다.

　부처님 말씀대로 죽음의 사자에 의해 포박되어 이생을 떠나갈 때 이러저러한 생각을 일으키지 않는다면, 고요하고 평화로운 마음으로 죽음을 맞이하게 될 것입니다.

─

마지막 의식이 다음 생을 결정한다

'죽음학의 대가'로 불리는 엘리자베스 퀴블러 로스는 죽음을 선고받은 이들이 거치는 심리 상태를 부정(denial), 분노(anger), 타협(bargaining), 우울(depression), 수용(acceptance)의 다섯 단계로 구분합니다.

첫 번째 '부정'의 단계는 "아니야, 그럴 리 없어!"라고 말하며 자신에게 찾아온 죽음을 강하게 부정합니다. 두 번째 '분노'의 단계에선 "왜 하필 나인가?"라고 말하며, 분노와 원망의 마음을 갖게 됩니다. 주변 사람이나 의료진에게 화를 내기도 하고, 신에게 분노를 표출하기도 합니다.

'협상'의 단계에서는 "이제부터라도…." 절박한 다짐을 하거나 신에게 맹세하는 시간을 보냅니다. 결국 아무런 협상의 여지가 없음을 알게 되면, 극심한 우울 증세에 빠지기 쉽습니다. 자신의 삶을 영위할 수 없다는 무력감, 남겨질 사람들에 대한 걱정 등으로 슬픔에 잠기게 됩니다.

이 모든 감정이 지나고 나면 피할 수 없는 현실에 대한 '수용'의 단계가 찾아옵니다. 더 이상 분노하거나 우울에 잠기지 않고 담담하게 받아들이는 시간입니다.

로스가 말하는 수용의 단계는 오백 명의 아라한이 질문했던 평온한 마음이라고 할 수 있습니다. 과거의 일, 현재의 일에 번민하지 않아야 합니다. 미래의 일에 대한 생각으로 동요되지 않아야 합니다. 지금 이 순간 당신의 마음은 어디에도 묶이지 않아야 합니다.

임종 시에 어떤 감정을 갖느냐는 불교적 관점에서 매우 중요합니다. 죽음에 의해 육체가 해체되어 소멸하여도 미세한 의식은 남아 있다고 봅니다. 《청정도론》에서는 그러한 의식의 상태를 중간 존재 또는 '간다르바(gandharva)'라고 부릅니다.

죽은 자의 몸이 무너지고 숨결마저 사라질 때, 그의 의식에는 무지와 갈애에 의해 쌓인 잠재적 성향(sankhāra)이 남아 있다고 합니다. 이 생과 다음 생 사이의 어느 시점에 머물다가 업력에 이끌려 자신도 모르게 다시 태어날 곳으로 향하게 된다는 것이지요. 즉, 업력에 따라 또 다른 모태로 옮겨 간다는 뜻입니다.

이러한 연속적 재생의 과정을 설명하려면 실체로 드러나지는 않지만 잠재적 성향을 지닌 미세한 의식이 남아 있어야만 합니다. 그 의식이 윤회의 끈을 이어 주는 역할을 한다는 것입니다.

흥미로운 점은 새롭게 태어나는 재생의 몸에 의식이 생겨나는 것이 아니라 이전 생에서 이어져 온 미세한 의식이 모태 속으로 들어간다고 본다는 점입니다. 부모의 육체적 관계를 통해 정자와 난자가 결합하고 그로 인해 잉태되는 순간 태어날 존재의 미세한 의식도 어머니의 자궁 속으로 들어간다고 보고 있습니다.

아버지와 어머니의 결합이 있지만 어머니가 가임기가 아니거나 간다르바가 존재하지 않는다면 태아는 잉태되지 않습니다. 아버지와 어머니의 결합이 있고 어머니가 가임기이지만 간다르바가 존재하지 않는다면 이 경우에도 태아는 잉태되지 않습니다. 아버지와 어머니의 결합이 있고 어머니가 가임기이고 간다르바가 존재하여 세 가지가 합해질 때 비로소 생명이 잉태됩니다.

죽음을 맞이하는 순간 그가 지닌 마음의 상태는 다음 생을 결정하는 데 있어서 중요한 요인으로 간주됩니다. 마지막 순간의 마음은 무엇에 의해 영향을 받을까요. 사는 동안 어떤 삶을 살았는가, 바로 그것이 아닐까요? 죽음의 순간, 내가 지은 행위들과 그에 대한 기억들이 의식 속에 떠오르지 않겠습니까? 물론 갑작스러운 죽음이나 뜻밖의 죽음도 있겠지만 말입니다.

죽는 순간의 의식은 일생 동안 살아온 삶 전체를 반영합니다. 파노라마처럼 지나온 일들이 떠오른다는 임상 체험 사례도 적지 않습니다. 그러니 죽음의 문제는 곧 삶의 문제라고 할 수 있습니다.

'어떻게 살아야 하는가?', '어떤 행위가 선한 삶으로 이어지고, 죽음 이후에 영향을 미치는가?' 삶과 죽음은 결코 분리되지 않습니다. 이러한 통찰은 현생에서 선하고 바른 삶을 살아야 하는 도덕적, 윤리적 이유가 되기도 합니다.

〈죽기 전에의 경〉은 우리가 지켜야 할 선한 삶의 덕목을 세세하게 전합니다. 성내지 않고, 두려워하지 않고, 자랑하지 않고, 나쁜 행동을 삼가고, 지혜롭게 말하고 교만하지 않는 사람, 그를 '평온한 이'라 부릅니다. 탐욕이나 비교하는 마음이 없고, 집착이 없으며, 가진 것이 없다 해서 슬퍼하지 않는 이에게도 진정한 고요함이 있습니다. 그는 어디에도 얽매이지 않고, 어떤 속박도 없이, 모든 집착 너머로 간 사람입니다.

살아 있는 지금 이 순간에도 우리는 깨어 있는 마음으로 살아가야 합니다. 죽음의 순간조차도 그런 깨어 있음으로 마주해야 합니다. 그것이야말로 진정한 평온이자 해탈에 이르는 길일 것입니다.

"과거에 얽매이지 않고

현재에 기대지 않으면,

미래도 걱정할 것이 없다."

"과거에 얽매이지 않고

현재에 기대지 않으면,

미래도 걱정할 것이 없다."

거센 물결을 건너 피난처로

이 세상의 견해와 학식을 버리고
계율과 계행을 모두 버리고
여러 가지 것들을 모두 버리고
갈애를 두루 알아 번뇌가 없다면
그들은 생사의 거센 물결을 건넌 사람들이다.

〈난다의 질문에 대한 경〉 1081

《숫타니파타》의 다섯 번째 장의 이름은 〈피안으로 가는 길의 장〉입니다. 모두 열여덟 개의 경들이 모여서 마지막 품을 이룹니다. 《숫타니파타》에서 맨 끝에 배치되어 있지만, 사실은 가장 오래된 고층(古層)에 속하는 것으로 추정됩니다. 거기에는 당대에 유명했던 바라문, 학인, 선인들 열여섯 명이 돌아가며 한 명씩 부처님과 나눈 질문과 대답이 실려있습니다.

캅파라는 학인의 질문도 그중 하나입니다. 그는 부처님께 "늙음과 죽음에 압도당한 사람들에게 피난처로 삼을 만한 섬(島)을 말씀해 주십시오(《숫타니파타》, 〈캅파의 질문〉 1092송)"라고 청합니다. 이때 섬은 팔리어 'dīpa'의 번역입니다. 거센 풍랑이 몰아칠 때 저 멀리 보이는 섬은 잠시나마 배가 정박할 피난처가 되겠지요. dīpa의 또 다른 의미는 등불(燈)입니다. 어둡고 캄캄한 바다를 항해할 때 등대의 등불은 가야 할 곳을 비춰 주는 의지처가 됩니다.

생사의 거친 파도를 헤쳐갈 때, 섬이나 등불은 고마운 존재가 아닐 수 없습니다. 죽음의 사자에게 잡혀갈 땐 도와줄 사람이 아무도 없습니다. 나를 지켜 줄 사람은 오직 자신뿐입니다. 따라서 자기 자신을 등불 삼아 헤쳐 나가야 합니다. 재산도 소용없고 학식도 소용이 없습니다. 아무런 도움이 되지 못합니다.

칸파의 질문에 부처님은 어떻게 말씀하셨을까요? "소유가 없고, 집착이 없고, 비할 데 없는 이 섬을 나는 열반이라 부릅니다. 그것이 늙음과 죽음의 소멸"이라고 답하십니다. "이것을 바르게 알아 마음을 집중하고, 이 세상의 모든 현상에 온전히 평온한 마음을 지닌 사람들은 죽음의 사자에 지배되지 않으며, 그의 종이 되지 않을 것"이라고 말합니다.

부처님을 포함하여 궁극적 목적을 성취한 아라한들은 자신의 깨달음에 대하여 "이와 같이 태어남은 부수어지고, 청정한 삶이 이루어졌다. 해야 할 일을 다 마쳤으니, 더 이상 윤회하는 일은 없다고 분명히 안다"라고 말하고 있습니다. 이것이 마지막 삶이고 다시 태어나는 일이 없음을 알게 되었다는 선언입니다. 그를 더 이상 윤회에 들지 않는 사람, '거룩한 성자'라고 부르고 있습니다.

—

늙음과 죽음, 어떻게 건널 것인가

〈피안으로 가는 길의 장〉에서는 또 다른 학인인 난다를 만날 수 있습니다. 그는 세상에는 여러 부류의 성스러운 이들이 있는데 "신과 인간의 세상에서 태어남과 늙음을 초월한 사람은 누구입니까?"라고 묻습니다. 이에 대하여 부처님은 학문이나 지식을 쌓았다고 해서 성자라고 부르지 않으며, 청정한 계율을 지킨 사문이나 브라만이라고 해서 생사를 초월한 것은 아니라고 대답합니다.

물론 모든 사문이나 브라만이 생사에 갇혀 있다고 말한 것은 아닙니다. 그들 중에는 자신의 견해에 따라 계율을 지키고 청정한 삶을 살면서 생사를 초월한 이들도 있습니다. 부처님은 자신의 견해와 계율만이 올바른 것이라고 주장하지 않았습니다. 그러나 그들이 자신들의 견해와 계율에 속박되어 있다면, 올바른 해탈의 길이 될 수 없다고 단언합니다.

가진 것이 많아도, 지킬 것이 많아도 해탈에는 방해가 됩니다. 세상에서 보고 듣고 생각한 것, 자신이 지키는 계율과 계행에도 속박되지 않아야 합니다. 그렇게 모든 갈애와 집착의 본질을 깨달아 마음에 번뇌가 없는 사람, 그야말로 생사의 거센 물결을 건너갈 수 있습니다.

연암 박지원은 청나라로 가는 사신단을 따라 중국에 갔다가 하룻밤에 강을 아홉 번이나 건넜다고 합니다. 《열하일기》의 〈산장잡기〉에 수록되어 있는 '일야구도하기(一夜九度河記)' 이야기입니다.

낮에는 물이 눈에 보이니까 위태로움이 온통 눈에 쏠리더니, 캄캄한 밤에는 사나운 강물 소리만 요란해서 그 무서움이 이루 말할 수가 없었습니다. 강물 소리에 귀를 막고 캄캄한 어둠이 눈을 가리는 순간 그가 찾은 보호 장비는 '명심(冥心)'이었습니다. 보고 듣는 것에 따라 휘둘리지 않는 고요한 마음을 말합니다.

그는 그날의 기억에 대해 "나는 이제야 도(道)를 알았도다"라고 적고 있습니다. 죽음의 위협이 목전에 펼쳐지는 위급한 순간에도 근심 없이 평온한 마음을 지닐 수 있음을 깨달았기 때문입니다.

고요한 마음에 의지하니 울부짖듯 사납고 거센 물결 소리가 들리지 않았습니다. 마음이 고요한 사람은 보고 듣는 것에 얽

매이지 않습니다. 반면에 보고 듣는 것에 영향받는 사람은 고
요한 마음을 지켜낼 수가 없습니다.

인생의 물결은 이보다 훨씬 거세고 더 위험합니다. 마치 폭
풍우가 몰아치는 생사의 바다 한가운데 던져진 것과 같습니
다. 사랑하는 사람의 죽음과 갑작스럽게 부딪혀야 하고, 오랜
시간 공들여 온 사업이 하루아침에 무너지는 거대한 파도와
맞서야 할 때도 있습니다. 또는 전혀 예상치 못한 사건으로 모
든 계획이 물거품처럼 산산조각 나는 순간과도 마주합니다.

물론 가끔은 무사히 항해하는 평온한 날들이 찾아오기도 하
지만, 그러한 고요함이 영원할 수는 없습니다. 언젠가는 사라
지게 됩니다. 이처럼 삶의 거친 풍랑 속에서 끊임없이 부딪히
며 나아가는 것 자체가 인간으로 사는 일의 본질적인 고통이
자 숙명(宿命)이라고 할 수 있습니다.

죽음의 순간 고요하고 평온한 마음을 지닐 수 있다면 죽음은
윤회의 흐름에서 벗어나게 될 절호의 찬스가 됩니다. 다시 없
는 해탈의 기회입니다.

티베트 불교 최고의 수행 지침서라 불리는 《티벳사자의 서》
에 따르면 죽은 자의 의식은 육신을 벗어났으므로 살아 있을
때보다 밝아진 상태라고 합니다. 이른바 '바르도(bar do)'의 상
태에서는 가르침을 듣는 것만으로 해탈할 수 있다고 설명합니

다. 이 상태에서는 밝게 빛나는 마음의 본성을 바르게 이해하는 것만으로 단박에 윤회에서 벗어날 수 있다고 합니다.

수행자가 임종을 맞을 때 그가 평온한 마음으로 해탈에 이를 수 있도록 도와주는 것이 중요합니다. 재가자의 경우에도 그의 가족들은 죽음을 앞둔 이의 마음에 두려움과 고통이 없도록 도와주어야 합니다. 그 어떤 집착이나 바람도 없이 평온할 수 있도록 말입니다. 울며 슬퍼하기보다는 삶의 마지막 순간에 당신의 삶이 이제 완결되었다는 느낌을 가질 수 있도록 가족과 친지들은 그의 평온한 마음을 지켜 주어야 합니다.

망자의 마음이 죽음의 두려움으로 고통 받지 않도록 바른길로 안내해야 합니다. 죽음의 세계에서 보게 되는 것에 놀라거나 두려워하는 마음을 일으키지 않도록, 어떤 환영이 나타날지라도 그것에 집착하는 마음으로 따라가지 않도록 기도하는 일입니다. 좋고 나쁨을 분별하지 않고 취하거나 버리려는 마음 없이 애착과 분노를 여읜 평정한 상태에 머물도록 도와야 합니다.

죽은 이를 위해 49재를 지내는 전통은 바로 이러한 맥락 속에 닿아 있습니다.

"여러 가지 것들을 모두 버리고

갈애를 두루 알아 번뇌가 없다면,

그들은 생사의 거센 물결을 건넌 사람들이다."

"여러 가지 것들을 모두 버리고

갈애를 두루 알아 번뇌가 없다면,

그들은 생사의 거센 물결을 건넌 사람들이다."

뱀이 허물을 벗듯
집착을 벗어라

❀

다시 태어나는 원인이 되는,
욕망에서 생긴 그 어떤 것도 없는 수행자는
이 세상도 저세상도 다 버린다.
뱀이 낡고 묵은 허물을 벗어 버리듯.

〈뱀의 경〉 16

이 구절은 〈뱀의 경〉에 실려있는 열여섯 번째 게송입니다.
《숫타니파타》 앞부분에 실린 게송인데 소개가 좀 늦었습니다.
경전의 이름에 뱀이 들어가니 다소 뜨악하게 느껴질 수도 있
습니다. 코브라신이 선정에 든 부처님을 지켜주는 조각도 많
으니 너무 놀랄 필요는 없습니다. 이들은 불법(佛法)을 수호하
는 신령스러운 존재들입니다.

성경에서 선악과를 따먹게 하여 아담과 이브를 타락시킨 사
탄은 뱀의 모습을 하고 있었습니다. 그런 까닭에 뱀은 유혹과
악마의 상징으로 여겨집니다. 하지만 마태오 복음서에 "뱀과
같이 지혜롭고 비둘기와 같이 순결하라"라는 말이 있는 것을

보면 부정적인 의미로만 뱀을 생각했던 건 아닌 모양입니다.

중국 신화에서 인류의 시조 격인 복희와 여와는 반은 사람이고 반은 뱀의 모습을 하고 있습니다. 농경 문화와 관련하여 뱀을 숭배하는 문화에서 생겨난 것으로 보이는데, 대지와 관련한 동물이라는 점에서 다산과 풍요를 상징합니다.

뱀과 관련한 다양한 상징 가운데 가장 주목할 특징은 허물을 벗는 탈피 동물이라는 점입니다. 탈피하는 이유는 성장하기 위해서라지요. 제때 허물을 벗지 않으면 몸의 크기를 불릴 수가 없습니다. 외골격을 지닌 곤충이나 갑각류는 탈피 후 더 큰 갑각을 형성해야 하고, 파충류는 피부가 단단해지면 내골격의 성장에 맞춰 주기적으로 피부를 벗어야 합니다. 다시 말해, 탈피는 죽음이 아니라 재생과 부활을 상징하는 일입니다.

산다는 것은 부단히 허물을 벗음으로써 새롭고 부드러운 상태로 거듭나야 하는 일인지 모릅니다. 또, 죽음이란 낡고 묵은 허물을 벗는 일에 지나지 않는 일인지 모릅니다. 〈뱀의 경〉에서 뱀은 낡고 묵을 허물을 미련 없이 벗어던지는 존재로 그려집니다. 이 점에서 뱀은 불교적 지혜의 상징으로 등장합니다.

인간의 삶이란 인연이 갖춰지면 생겨나고 인연이 다하면 흩어지기 마련입니다. 거기에서 죽음은 끝이 아닙니다. 영원한 삶도 없지만 영원한 죽음도 없습니다. 죽음 이후에도 새로운

삶은 이어지고, 생사윤회의 흐름은 계속됩니다. 낡은 허물을
벗어버리는 뱀과 같이 한 단계에서 다음 단계로 변화하는 과
정이 있을 뿐입니다. 죽음은 새로운 삶으로 통하는 관문이라
고 할 수 있습니다.

─

이 세상에도 저세상에도 집착 없이

부처님은 이생과 저생 사이에 변하지 않는 그 무엇이 있어서
순환을 계속한다고 보지 않았습니다. 그러한 존재가 없다는
것이 불교의 무아설입니다. 생사의 흐름을 반복하지만 그 흐
름에 변하지 않고 고정된 실체는 없다는 뜻입니다.

당시 인도 사회의 윤회설과 다른 점은 바로 이것입니다. '나'
라는 생각이 남아 있는 한 나의 몸에 대한 집착, 내 삶에 대한
집착을 결코 끊어 낼 수 없습니다. 그러니 나란 존재의 실체
없음을 여실히 통찰함으로써 더 이상 윤회하지 않을 해탈의
길이 열리게 됩니다.

불교를 공부하면 할수록 부처님은 죽음의 고통을 직시하고
자 했으며, 그 고통에서 벗어나는 근원적 해법으로써 자아에
대한 집착을 깨뜨리고자 했음을 확인하게 됩니다. 내 몸이나

자아를 향한 집착이야말로 윤회의 토대가 되기 때문입니다. 윤회설과 무아설은 그렇게 서로 맞물려 있습니다.

생사의 거센 흐름을 건너간 자에게는 현생에 집착이 남아 있을 리 없습니다. 그가 살아가는 세계에서는 좋아하는 것에도, 싫어하는 것에도, 무엇을 소유하는 일에도 얽매이지 않습니다. 천상의 즐거움을 구하지 않고, 지옥의 고통도 두려워하지 않습니다. 그는 모든 속박에서 벗어나고자 합니다.

그러나 피안(彼岸)에 대한 집착이 남아 있다면, 그것 또한 큰 문제입니다. 피안이란 생사의 거센 물결을 건너 이쪽 언덕에서 저쪽 언덕으로 건너간 곳을 말합니다. 불교적으로는 열반과 해탈의 경지라고 할 수 있습니다. 그 경지에 도달하기 위해 집착한다면 모든 속박에서 풀려난 것으로 볼 수 없습니다. 피안을 향한 간절한 바람조차 또 하나의 속박이 되어 마음을 사로잡기 때문입니다.

《숫타니파타》의 마지막 장인 〈피안으로 가는 길의 장〉에서는 피안으로 가는 길에 대한 질문과 대답의 형식으로 빼곡하게 채워져 있습니다. 그 가운데 〈팃사 메테이야의 질문〉 1042 게송에서는 다음과 같이 말하고 있을 정도입니다.

"양쪽 끝을 잘 알아 지혜로써 중간에도 집착하지 않는다."

양쪽 끝은 물론이고 중간에도 집착하지 않아야 한다는 것입니다. 따라서 《숫타니파타》를 피안으로 가는 길의 안내서라고 여긴다면 부처님의 가르침을 반쪽만 이해하는 것이 됩니다.

"욕망을 버려라, 집착하지 마라"라는 말씀은 세속적 욕망에 사로잡힌 이들을 위한 가르침입니다. 하지만 우리가 놓치지 말아야 할 또 하나의 핵심은 욕망을 버려야 한다는 그 생각에도 붙들리지 않아야 한다는 점입니다. 욕망에 대한 집착을 버려야 하듯 욕망을 떠나고자 하는 집착도 버려야만 합니다. 그것이 진정 어디에도 얽매이지 않는 마음이라 할 수 있습니다.

생사의 흐름을 건너간 자는 현생뿐만 아니라 내생에도 집착하지 않습니다. 이 세상도, 저세상도 다 놓아버리기 때문입니다. 저세상에 대한 어떤 바람도 다시 태어나게 만드는 원인이 됩니다. 다시 말해, 생사윤회를 거듭하는 토대가 되는 것이지요.

"이 세상도 저세상도 다 버린다. 뱀이 낡고 묵은 허물을 벗어버리듯"이라는 구절에서 우리는 '저세상도 다 버린다'에 방점을 찍을 필요가 있습니다. 저세상에 대한 집착마저 버릴 때 어디에도 집착하지 않는 마음, 진정으로 자유로운 해탈이 가능하기 때문입니다.

여기에서도 중도 사상을 엿볼 수 있습니다. 양극단에 치우치지 말라는 중도의 가르침은 《숫타니파타》에서 차안의 이쪽

세계와 피안의 저쪽 세계, 어디에도 치우치지 않는 마음으로
확장되고 있습니다. 깨달음에 대한 집착마저 버리라는 서슬
퍼런 가르침, 버려야 한다는 생각마저 버리라는 날 선 깨우침
입니다. 그렇게 모두를 놓을 때, 비로소 진정한 평온이 가능합
니다.

　일반적으로 중도 사상은 대승 불교의 핵심으로 간주되고 있
습니다만, 초기 경전에서도 이미 그 사상적 뿌리들이 이처럼
발견됩니다.

　"이 세상도 저세상도 다 버린다. 뱀이 낡고 묵은 허물을 벗어 버리
　듯."

　《숫타니파타》에서 볼 수 있는 이러한 구절들이 대표적인 사
례입니다. 《숫타니파타》가 부처님 말씀 가운데 핵심만을 가려
뽑았다는 이야기를 다시 한번 확인할 수 있습니다.

　진정한 자유와 평온은 바로 그 어디에도 얽매이지 않는 마음
에서 비롯된다는 사실, 이 경전은 그것을 묵묵히 일러 주고 있
습니다.

"욕망에서 생긴 그 어떤 것도 없는 수행자는

이 세상도 저세상도 다 버린다.

뱀이 낡고 묵은 허물을 벗어 버리듯."

"욕망에서 생긴 그 어떤 것도 없는 수행자는

이 세상도 저세상도 다 버린다.

뱀이 낡고 묵은 허물을 벗어 버리듯."

6장

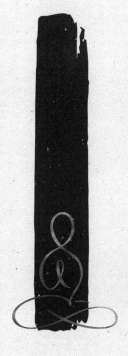

"마음이 가벼우면
어디서든 행복하다"

홀가분하고 행복한 삶의 길

쥐려 할수록 놓치는 것이 행복이다

어머니와 아버지를 돌보고
아내와 자식들을 보살피고
일이 혼란하지 않으니
이것이야말로 더없는 축복이다.

〈큰 축복의 경〉 262

"당신이 살아가는 이유는 무엇입니까?" 사람들은 서슴없이 "행복하기 위해서"라고 답합니다. 어른도 아이도 모두 행복이라고 말합니다. 다양한 책과 방송, 인터넷상의 여러 매체가 저마다 행복의 문제를 다룹니다. 요즘처럼 행복에 관한 관심이 뜨거웠던 적이 없습니다.

그러면 행복은 무엇일까요? 글쎄요, 이 질문에는 답하기가 쉽지 않습니다. "행복한 사람이 되어야 해" 이 말은 어느새 우리를 지배하는 지상 최대의 명령처럼 들립니다. 그런데 "왜?"라는 질문에는 답하기가 어렵습니다. 저마다 줄달음치는 행복 레이스를 멈추고 진정한 행복이 무엇인지 돌아볼 필요가 있습니다.

'행복(happiness)'이란 말에는 두 가지 뜻이 있습니다. 하나는 '복되고 좋은 운수'라는 뜻입니다. 영어 happy는 happen과 어원이 같고, 고대 노르드어에서 유래했다고 합니다. '어쩌다가 우연히 일어난 일'이라는 뉘앙스가 담겨 있고, '좋은 운과 마주치다'라는 의미에서 lucky 또는 fortune에 가깝습니다. 복권에 당첨된다거나 금광을 발견한다거나 '운이 좋아서' 생겨나는 여러 가지 일들에 해당합니다.

다른 하나는 '만족과 기쁨을 느끼는 흐뭇함 또는 그러한 상태'라는 뜻입니다. 만족감과 기쁨은 주관적인 느낌이어서 행복을 측정하거나 정의 내리기가 쉽지 않습니다. 다분히 심리적인 영역에 속합니다. 사회에서 통용되는 행복의 기준이 가능할 수 있습니다만, 그것은 사회 구성원에 의해 집단적으로 만들어진다는 의미가 됩니다. 행복 그 자체가 따로 정해져 있는 것은 아니라는 뜻이지요.

동양에서는 행운(幸運)이나 복덕(福德)이라는 말이 쓰였지만, 행복(幸福)이라는 단어가 사용된 적은 없었습니다. 근대에 들어와서 일본인들이 happy나 happiness를 번역하면서 마땅한 단어를 찾지 못하다가 그 의미에 가장 가깝게 만들어 낸 한자어입니다.

불교에서도 행복이라는 말에 부합하는 용어를 찾기는 쉽지 않습니다. '즐거움', '평온', '복덕', '길상' 등이 비교적 가까워 보입니다. 이 가운데 '즐거움'으로 번역되는 팔리어 '수카(sukha, 樂)'가 정신적 만족과 기쁨을 표현하는 데 적합하지 않을까 생각됩니다. 반대로 만족스럽지 못한 상태는 '두카(dukkha, 苦)'입니다. 모든 것은 괴로움이라고 말할 때 바로 그 괴로움입니다. 즐거움과 괴로움의 감정은 우리의 생각과 행위로 이어지는 핵심적인 고리 역할을 맡습니다.

모든 존재는 괴로움을 피하고 즐거움을 얻고자 합니다. 누구나 행복을 좋아하고 불행이 닥치는 것을 싫어하지요. 문제는 무엇을 즐거움과 행복으로 보느냐가 될 것입니다. 추구하는 목적에 따라 그 정의도 달라지게 됩니다.

초기 경전에서는 행복을 대체로 인간 세상에 누리는 행복, 천상에서 누리는 행복, 열반의 상태에서 누리는 행복, 이 세 가지로 나누어 구분했습니다. 이 중 최상은 말할 것도 없이 해탈을 통해 성취되는 열반의 행복이었습니다. 모든 괴로움이 사라지고 생·노·병·사의 괴로움을 다시 겪지 않는 완전한 행복입니다.

인간 세상에서 지은 공덕과 선한 행위는 천상의 신들의 세계에서 사는 행복을 가져온다고 설명합니다. 오랜 수명을 누리고 즐거움과 기쁨이 넘치는 행복한 세상입니다. 하지만 그 인연이 다하면 다시 윤회하는 고통을 겪기 때문에 완전한 행복이라고 부를 수 없습니다.

인간 세상에서 누리는 행복에 대해서는 "소유하는 행복, 재물을 누리는 행복, 빚 없는 행복, 비난받을 일이 없는 행복(《앙굿타라니카야》)"을 언급합니다.

소유하는 행복이란 부지런히 노력하여 재물을 소유할 때 얻는 행복입니다. 재물을 누리는 행복이란 얻은 재물을 향유하며 공덕을 베풀 때 느끼는 행복입니다. 빚 없는 행복이란 많든 적든 자신의 규모에 맞는 생활을 꾸릴 수 있어서 빚 독촉에 시달리지 않는 행복을 말합니다. 비난받을 일이 행복이란 타인의 곱지 않은 시선이나 험담을 받을 일 없는 행복을 말합니다.

마찬가지로 《숫타니파타》에서도 인간 세상에서 누리는 행복을 이야기합니다.

"어머니와 아버지를 돌보고, 아내와 자식들을 보살피고, 일이 혼란하지 않으니, 이것이야말로 더 없는 축복이다."

《숫타니파타》, 〈큰 축복의 경〉 262

"베풀고 정의로운 삶을 살고, 친척을 보살피고, 비난받지 않는 행동을 하는 것, 이것이야말로 더 없는 축복이다."

《숫타니파타》, 〈큰 축복의 경〉 263

"세상일에 부딪혀도 마음이 흔들리지 않으며 온전히 평온할 수 있는 것, 이것이야말로 더없는 축복이다."

《숫타니파타》, 〈큰 축복의 경〉 268

〈큰 축복의 경〉에 나오는 이 구절들은 평범하지만 소홀하게 지나칠 수 없는 구석들이 있습니다.

—

행복은 익숙한 풍경 속에 숨어 있다

작은 것에도 만족할 줄 아는 마음이 행복입니다. 몸에 병이 없고, 가난에 고통 받지 않고 무탈하게 살 수 있다면, 그것이 행복입니다. 세상일에 부딪혀도 마음이 흔들리지 않으면 그것이 행복입니다. 성공했다고 해서 우쭐대지 않고, 실패했다고 해서 좌절하지 않는 그 마음이 행복입니다. 목적의 성취 여부와 관계없이 그것을 추구하는 과정에서 즐겁고 만족할 수 있다면 행복하다고 말하는 데 부족할 게 없습니다.

최근 《행복의 기원》을 다시 발간한 저자 서은국은 행복이란 내 인생의 목적이나 거창한 주제가 아니라, 진화의 산물이라고 주장합니다. 인간은 원시시대부터 이것을 추구하는 게 행복한 삶이라고 느끼도록 설계되었다는 것입니다.

그에 따르면 인간은 행복하기 위해 사는 것이 아니라 생존하기 위해 필요한 상황에서 행복을 느껴야만 했습니다. 행복을 느끼게 하는 쾌락의 신호를 재빨리 알아채는 것이 생존에 유리했고, 불쾌감의 신호는 '위험하니 피하라'라는 메시지를 전달하기 때문에 특히 인간의 생존에 필수적이었습니다.

쾌감·불쾌감이 가져오는 행복과 불행의 심리 상태는 우리의 뇌 안에서 일어나는 생물학적·뇌과학적 현상으로도 충분히 설명할 수 있습니다. 한마디로 행복이 인간 삶의 궁극적인 목적이었던 적은 한 번도 없었다는 이야기입니다.

역대 최장 기간을 통해 인간의 행복을 추적 관찰한 하버드대학의 그랜트 연구(Grant Study)는 행복과 관련하여 또 다른 관점을 열어 줍니다. 1937년부터 하버드대학의 남학생을 대상으로 그들이 노년에 이를 때까지 2년마다 준비된 설문조사에 응하도록 했습니다. 대상 인원만 무려 724명에 달합니다.

희귀한 방식을 통한 75년간의 장대한 연구는 아주 심플한 결론을 도출했습니다. "좋은 관계가 인간을 건강하고 행복하게 만든다는 것"입니다. 가족, 친구, 동료 들과의 친밀한 관계를 유지하는 일, 사회적인 관계를 원만하게 유지하는 일이 행복감의 가장 중요한 요인이었습니다. 사회적 연결이 긴밀한 사람들은 신체적으로 건강하며 더 오래 사는 것으로 나타났습니다. 예를 들어, 50세에 관계에 대한 만족도가 가장 높았던 사람들이 80세에도 건강하고 행복했습니다. 친밀한 관계는 노화와 노년의 삶의 고통을 덜어 주는 완충제였습니다.

가장 해로운 것은 고독이었다고 합니다. 누군가 의지할 대상이 있다고 응답한 80대는 그렇지 않다고 응답한 사람보다 기억력이 더 선명했다고 하는데, 좋은 관계는 우리의 몸뿐만 아니라 뇌의 건강에도 이로웠던 것입니다.

거꾸로, 인간관계만큼 복잡하고 골치 아픈 것도 없습니다. 확실한 스트레스 요인이기도 하지요. 사람과 사람의 관계는 행복의 원인이 되지만, 동시에 불행의 절대적인 원인이 되기도 합니다. 결국 행복의 열쇠는 타인과의 관계를 어떻게 균형 있게 유지할 것인가에 달려 있는지도 모릅니다. 그래서 우리는 그 열쇠를 찾기 위해 여기저기를 기웃거리게 됩니다. 때로는 너무 서두른 나머지, 오히려 내 마음을 더 괴롭히기도 합니다.

일단 여기에서 숨을 한번 크게 내쉬길 바랍니다. 그리고 스스로 돌아봐야 합니다. '내가 찾는 행복은 무엇이었지?', '행복을 좇는 동안 소중한 관계를 놓치고 있진 않았을까?' 행복은 멀리 있지 않습니다. 다만 내가 잊고 있었던 자리, 나와 너 사이의 작은 틈에서 조용히 기다리고 있을 뿐입니다.

"일이 혼란하지 않으니

이것이야말로 더없는 축복이다."

"일이 혼란하지 않으니

이것이야말로 더없는 축복이다."

행복과 불행은
쌍둥이 자매

❀

지나간 것을 즐거워하지 말고,
새것을 좋아하지 말라.
사라져 갈 때 슬퍼하지 말라.
비어 있는 것에 붙잡히지 말라.

〈무기를 든 사람의 경〉 944

영화 이야기를 한번 해 보겠습니다. 재능과 야심 가득한 천재 공학도 페르 시데니우스, 그의 재능은 코펜하겐 도시의 상류사회로 이끌지만, 인생은 예상치 못한 파국으로 치닫습니다. 칸 영화제 황금종려상을 두 차례나 수상한 명감독 빌레 아우구스트의 〈행복한 남자〉 이야기입니다.

덴마크 원작이 〈Lykke-Per〉이고 영어 제목이 〈A fortune man〉이니, 영화의 제목은 〈행운의 남자〉가 되어야 하지 않을까 싶습니다. 이 영화는 2019년 아카데미상 외국어 부문 수상작으로 선정되기도 했습니다. 영화의 원작 소설 또한 1917년 노벨문학상을 수상한 덴마크 소설가 헨리크 폰토피단의 작품입니다.

시대적 배경은 1880년대, 영화는 주인공 페르가 대학에 합격했다는 통지서를 받는 장면에서 출발합니다. 그에게 첫 번째 행운이 찾아온 것이지요. 하지만 루터파 교회의 목사였던 아버지는 신학을 공부하지 않는다는 이유로 재산을 건네 주지 않았고 대신 낡은 시계 하나를 선물로 주었습니다. 평소에도 아버지의 종교적인 경건주의와 엄격함을 못 견뎌 하던 그는 아버지와 다투고서 집을 떠납니다.

자존심이 강한 페르는 한 식당에서 아르바이트를 하며 학업을 이어 갔고, 도중에 여종업원과 만나 교제하면서 그의 도움을 받아 살아갑니다. 그 후 유대인 부잣집 아들과 사귀면서, 그의 누나인 야코베를 흠모하게 됩니다. 야코베는 살로만 가문의 맏딸로서 많은 재산을 상속받기로 되어 있습니다. 가난하지만 과학과 공학을 믿었던 페르에게는 풍력을 이용해 전기를 생산하고, 운하를 뚫어 코펜하겐을 베네치와와 같은 도시로 만들겠다는 거대한 프로젝트가 있었습니다.

살로만 가문은 그를 오스트리아로 유학시켜 전문가로부터 프로젝트의 타당성을 인정받도록 했고, 상속녀 야코베와는 서로의 사랑을 확인한 뒤 결혼을 약속합니다. 그 와중에 페르는 아버지의 부음을 듣지만, 장례식장에 가지 않았습니다. 어느 날 어머니가 찾아와 기독교로 돌아오라며 아버지의 시계를 돌려주었지만, 페르는 시계를 남겨둔 채 어머니를 떠납니다. 얼마 후 어머니마저 세상을 떠나고 맙니다.

어머니의 부탁마저 외면했던 그에게 정신적 방황이 시작됩니다. 기독교 목사의 아들이 유대교 집안의 딸과 결혼하는 것이 어떤 일인지 비로소 현실을 자각하게 됩니다. 자신이 겪게 될 불행을 감지하게 된 것일까요. 아버지에게 반항했던 아들, 하느님마저 거부하고자 했던 방탕아. 그는 죄의식 속에 빠져 방황합니다.

그 무렵 유틀란트 농촌에서 잉게르라는 시골 소녀를 만나면서, 그의 마음은 도시의 삶이 자신의 인생이 될 수 없음을 깨닫습니다. 그리고 약혼 여행을 앞두고 한껏 들떠 있는 약혼녀 야코베에게 이별을 선언합니다.

여기까지의 이야기라면 덴마크판 〈사랑과 야망〉으로 이해될 만합니다. 영화 속에서 야코베의 외삼촌이 말합니다.

"우리의 첫 대화를 기억하나? 행운은 바보의 편이라고. 성공은 후회의 아버지라고 했지. 보게나. 오만함은 오래가지 못하네."

똑똑한 사람은 자기 계산에 어두워 자기 일은 제대로 보지

못합니다. 자신의 행운과 성공을 곧 후회하게 되리라는 것을
말이지요.

—
길흉을 가를 수 없는 삶

영화 〈행복한 남자〉는 사랑과 야망의 문제를 넘어 인간의 내
면 심리를 깊숙하게 파헤칩니다. 페르는 시골 처녀 잉게르와
결혼하여 아이 셋을 낳지만, 죄의식과 고독 속에서 헤어나지
못하고 다시 집을 떠나갑니다. 외딴집에 머물며 지팡이들 든
채 들판을 거니는 그에게서 사막을 헤매는 선지자의 모습이
떠오릅니다.

페르는 이제 있는 그대로 받아들이고, 자신의 길을 걷고 있
습니다. 그의 모습은 남루한 외투 속에서도 평온하게 빛납니
다. 그에게서 뿜어 나오는 종교적 분위기는 집을 떠나 숲속을
유랑하는 불교 수행자의 모습과도 닮아 보입니다.

원래 행복과 불행은 함께 온다고 하지요. 행복의 여신 길상
천(吉祥天)과 불행의 여신 흑암천(黑闇天)은 쌍둥이 자매라고 합
니다. 행복이 찾아왔을 때, 흑암천도 함께 와서 문턱을 넘고
있습니다. 다만 알아채지 못할 뿐입니다. 불행이 찾아왔을 때

도, 언제나 길상천이 함께 와서 머뭅니다. 아무리 심한 불행일
지라도 행복의 씨앗은 움트고 있습니다.

'인생사 새옹지마(塞翁之馬)'라는 말이 있지 않습니까. 원래는
《회남자》에 나오는 고사성어입니다. 중국 변방에 살던 한 노인
에게 한 마리 말이 있었습니다. 어느 날 기르던 말이 멀리 달아
나 버렸습니다. 마을 사람들이 찾아와 그를 위로하자, 노인은
"오히려 복이 될지 누가 알겠소"라며 덤덤하게 말했습니다.

어느 날 그 말이 한 필의 준마와 함께 돌아왔습니다. 마을 사
람들이 다시 찾아와 축하의 말을 건네자, 노인은 "도리어 화가
될 일인지 누가 알겠소"라며 응대했습니다.

그러던 어느 날 말타기를 좋아하는 노인의 아들이 말을 타다
떨어져 다리가 부러졌습니다. 그 소식을 들은 사람들이 찾아
와 위로하자, 노인은 이 일이 복이 될지 누가 알겠냐며 이번에
도 담담히 말했습니다.

그로부터 1년 뒤 나라에 난리가 났습니다. 마을 젊은이들 모
두가 전쟁터로 끌려가서 죽거나 부상을 당했지만, 노인의 아
들은 불려가지 않았습니다. 그의 아들은 말에 떨어진 뒤 절름
발이가 되었기 때문입니다. 아들의 사고는 노인에게 아들을
지키는 길이 되었습니다. 세상살이의 길흉화복은 참으로 어찌
될지 모르는 일입니다.

　　로또 1등에 당첨된 사람, 아파트 분양권에 당첨된 사람, 그 엄청난 행운을 얻고 나서 그들은 지금도 행복할까요? 아마 그렇지 않을 것입니다. 복권에 당첨된 이후로, 새집에서 단꿈을 꾸게 된 이후로 그들이 겪어야 할 또 다른 시련들이 찾아옵니다. 영화 〈행복한 남자〉 속의 페르가 그랬듯이, 행복과 불행은 쌍둥이 자매처럼 찾아옵니다.

　　인간의 삶은 행복과 불행의 이중주라고 하지요. 행복한 일도 만나고 불행한 일도 겪게 됩니다. 그때마다 기쁨과 행복에 들뜨고, 슬픔과 좌절 속에 헤매고 다닐 필요가 없습니다. 기뻐하고 슬퍼하며 일희일비할 일이 아닙니다. 희망과 절망은 한 글자만 다릅니다. 천당과 지옥의 문은 회전문처럼 지금도 돌아가고 있답니다.

"지나간 것을 즐거워하지 말고,

새것을 좋아하지 말라."

"지나간 것을 즐거워하지 말고,

새것을 좋아하지 말라."

행복하려고
애쓰지 마라

❧

구하려는 사람에게 욕망이 있다.
계획하는 사람에게 두려움이 따른다.
태어남도 죽음도 없는 이라면,
무엇 때문에 떨고 무엇을 갈구하겠는가.

〈큰 배열의 경〉 902

독일의 소설가 헤르만 헤세는 한국인에게 친숙한 작가입니다. 많은 이가 그의 소설 《데미안》을 기억합니다. 그 유명한 구절 있지 않습니까? "새는 알을 깨고 나온다" 알의 세계를 부수고 새로운 존재로 거듭나는 고통을 압축적으로 보여 주는 문구입니다. 자전적 경험에 바탕을 둔 성장 소설의 대표작으로 일컫습니다.

《데미안》 이외의 수많은 헤세의 작품 가운데 불교를 소재로 삼은 소설이 하나 있습니다. 1922년에 출간된 《싯다르타》가 그것입니다. 《싯다르타》 속에는 주인공 싯다르타를 내세워 고타마 세존, 즉 부처님을 만나 대화를 나누는 장면이 등장합니다. 그러니까 두 명의 싯다르타가 존재하는 셈이지요.

부처님을 중심으로 한 불교의 깨달음을 말하는 듯 여러 가지 복선을 깔아 놓고, 소설가다운 필력으로 그 자신이 생각하는 깨달음에 관한 이야기를 펼쳐 보입니다. 헤세는 참 영리한 작가가 아니었나 싶습니다.

소설 속 싯다르타는 브라만 계급의 아들로 등장합니다. 베다와 브라만 스승의 가르침을 떠나 구도의 길을 가겠다며 아버지와 작별하고 집을 나섭니다. 깨달음을 향한 여정에서 여러 스승을 만나 가르침을 구하지만 싯다르타의 마음은 만족스럽지 못했습니다. 세존 고타마의 소문을 듣고 부처님을 찾아가서도 부처님의 깨달음은 자신의 것이 될 수 없음을 직감합니다.

세존의 설법 속에 들어 있는 진리는 당신의 체험 속에 나온 것이어서 언어로 전달될 수 없거니와, 전달된다고 해도 그 자신의 깨달음이 될 수는 없습니다. 그는 다시 자기 자신의 깨달음을 찾아 길을 떠납니다.

도중에 사랑스러운 여인 카말라와 만나고, 부유한 상인을 만나 돈 버는 일을 배웁니다. 달콤하고 즐거운 생활이었습니다. 세속적 쾌락 속에 물들지 않을 정신적인 힘이 있었거든요. 그러나 세속적 쾌락이 지속될수록 그에게 찾아온 것은 불쾌감과 환멸의 연속이었습니다. 세속의 덫은 강고합니다. 싯다르타는 그만 그 덫에 빠지고 말았습니다.

자기부정에 빠진 싯다르타는 강물 위로 몸을 던지는데, 어디선가 들려오는 옴의 소리를 듣게 됩니다. 깨어난 싯다르타에게 '지금까지 깨달음을 얻으려 애써 왔는데 내가 얻은 것은 왜 환멸뿐일까', '어쩌면 배우고 구하려고 하는 마음이 깨달음의 가장 못된 적수는 아니었을까'와 같은 온갖 생각들이 스치고 지나갑니다.

싯다르타는 흐르는 강물 앞에서 강물의 소리를 듣는 순간 강물은 끊임없이 흐르지만 언제나 거기에 존재하며, 언제 어느 때나 동일한 것이면서 매 순간 새롭다는 사실을 깨닫습니다. 과거·현재·미래의 시간 속에서 흘러가는 인간의 삶, 반복적으로 돌고 도는 윤회의 순환 속에서 변함없이 존재하는 세상의 모든 것에 대한 자각이었습니다.

이제 그는 자신의 운명과 싸우는 일을 중단합니다. 자아를 추구하고 진리를 배우려는 강렬한 욕망에서 벗어나고, 자살에 이르도록 자신을 부정하고 없애 버리려는 마음도 버리게 됩니다. 지금까지의 삶은 지식욕에 불타는 한 젊은이였을 뿐입니다. 그에게 커다란 인식의 변화가 일어납니다.

돌멩이는 어떤 본질을 담고 있기 때문에 가치 있는 것이 아니었습니다. 빨강은 빨강, 초록은 초록 낱낱으로 드러나는 모습 그대로 진실된 것임을 깨닫습니다. 어디론가 떠나지 않아도 좋았습니다. 스승을 찾아 배우지 않아도 좋았습니다. 강가에서 뱃사공과 함께 살기로 합니다.

강물의 소리가 싯다르타에게 준 것은 무엇이었을까요? 세상의 모든 지식으로도 채울 수 없었던 그의 목마름, 깨달음을 향한 정신적 갈구(渴求)가 멈추었습니다. 강물의 소리를 듣는 것만으로 그의 영혼은 안식을 얻었습니다.

─

구하려는 마음이 고통을 부른다

그가 그토록 추구했던 깨달음은 과연 무엇이었을까요. 세상의 본질을 아는 것, 나의 본성을 아는 것, 진리를 터득하는 것…. 그 어떤 말로 설명해도 '깨달음'이라는 세 글자의 의미를 온전히 담아내기는 어렵습니다.

그것을 찾기 위해 기나긴 여정을 무릅쓴 사람이 싯다르타입니다. 그에게는 찾으려는 마음, 배우려는 욕망이 멈추질 않았습니다. 그러나 아무리 찾으려고 해도 찾을 수가 없었습니다. 구하려고 할수록 그의 마음은 고통스러웠습니다. 무언가를 구하려는 마음에는 욕망과 갈망이 담겨 있기 때문입니다. 그 마음을 내려놓을 때 평온한 안식이 찾아온다는 것을 비로소 그는 깨달았습니다.

깨달음을 향한 그의 여정에서 〈심우도(尋牛圖)〉가 떠오릅니다. 법당 외벽에서 흔히 볼 수 있는 〈심우도〉에는 동자승이 소를 찾는 과정이 그려져 있습니다. 소는 자신의 본성을 상징합니다. 그림 속에서 동자승은 잃어버린 소를 찾기 위해 산속을 헤매다가 소의 발자국을 발견합니다. 그 발자국을 따라가다가 소를 보게 되지요. 소를 붙잡은 동자승은 고삐를 매어 소를 길들이기 시작합니다. 그리고 마침내 소 위에 올라타서 피리를 불며 고향으로 돌아오게 됩니다.

동자승의 귀향에서 우리는 마음의 본성, 근원으로 돌아온다는 의미를 짚어볼 수 있습니다. 그는 이제 소를 찾아 헤매지 않습니다. 더 이상 어디론가 떠나지 않습니다. 소 위에 올라탄걸요. 소와 동자승은 한 몸이었습니다. 본래부터 내 안에 있었던 것입니다. 물론 고삐를 매어 길들이는 과정이 필요하지만 말입니다.

동자승이 돌아온 깨달음의 세계에는 소도 없고 사람도 없었습니다. 그저 텅 빈 세계였습니다. 덩그러니 원(圓) 하나만 남아 있습니다. 그곳에서 산은 산대로 물은 물대로 비치고 있습니다. 있는 그대로의 세상이 보일 뿐입니다.

행복을 찾는 마음도 마찬가지입니다. 행복을 추구하는 한 행복하기 어렵습니다. 대단히 모순적이지요. 찾으려는 갈망 때문에 길을 잃게 됩니다.

더구나 행복에는 정답이 없습니다. 찾아야 할 그 무엇이 따로 있는 것이 아닙니다. 어떤 조건이 충족되어야 행복할 수 있다고 생각한다면, 그 기준은 순전히 당신의 생각일 뿐입니다.

행복하려고 애쓰지 마십시오. 그 마음을 쉬고 내려놓았을 때 우리는 행복할 수 있습니다. 행복이라는 목표에 사로잡히면 나 자신과 세상의 모습이 보이지 않습니다.

'행복해야 해'라는 그 마음부터 내려놓으세요. 모든 바람을 버려 보세요. 있는 그대로 바라볼 수 있는 마음에 행복이 깃듭니다. 행복의 파랑새는 언제나 당신 마음속에 있습니다.

"구하려는 사람에게 욕망이 있다.

계획하는 사람에게 두려움이 따른다."

"구하려는 사람에게 욕망이 있다.

계획하는 사람에게 두려움이 따른다."

타인을
자비의 마음으로 대하라

❀

어머니가 자신의 외아들을
목숨 걸고 지키듯이
모든 살아 있는 것에 대하여
한량없는 자비의 마음을 닦아라.

〈자애의 경〉149

　자비(慈悲)는 남을 깊이 사랑하고 가엾게 여기는 마음입니다. 자비를 한 단어로 알기 쉽지만, 자애의 마음을 의미하는 '메타(mettā, 慈)'와 연민의 마음을 의미하는 '카루나(karuṇā, 悲)'가 합쳐진 말입니다. 메타의 어원은 '친구(mitra)'에서 파생된 것으로, 우정이나 우의에 기반한 마음을 의미합니다. 그것은 모든 존재의 행복과 기쁨을 바라는 마음입니다.

　카루나는 타인의 고통을 안쓰럽게 여기며 그들이 고통에서 벗어나기를 바라는 마음입니다. 자비의 마음을 반드시 종교적으로 이해할 필요는 없습니다. 누군가를 따뜻하게 돌보고 그들의 고통이 사라지기를 바라는 마음이라면, 우리의 일상 속에서 일어나는 이타심과 다를 바가 없습니다.

자비와 이타심은 타인을 위하는 마음이지만, 자신에게도 이롭습니다. 자기 자신을 바라보는 긍정적 시각을 가져오고, 타인과 연결되었다는 느낌으로 내 마음이 먼저 편안해집니다. 남을 위한다는 건 나의 행복을 포기하는 것이 아니라 나의 행복을 위한 전제조건인 셈입니다.

이타심의 결과는 외부적으로 드러나는 행동에 그치지 않습니다. 우리의 뇌에도 변화를 가져옵니다. 뇌과학 연구 분야에서는 우리가 어떤 물질적 자원을 획득할 때 일어나는 뇌의 보상 영역이 이타적으로 행동하는 경우에도 활성화된다는 것이 알려졌습니다. 이타적인 행동으로 일어나는 뇌의 작용이 나 자신의 행복감과 연관되는 뇌 영역의 반응과 일치했던 것입니다.

자비의 마음을 〈자애의 경〉에서는 "어머니가 자신의 외아들을 목숨 걸고 지키듯이(149송)" 간절한 마음이라고 표현합니다. 그 한량없는 마음을 처음에는 가까운 가족에게로, 다음엔 이웃과 친지들에게로 확장시킵니다.

나와 껄끄러운 관계에 있는 사람들에게도 자애로운 마음을 보내도록 합니다. 나아가 살아 있는 모든 것에 대해서 그 마음을 넓히고 확장시킵니다. "살아 있는 것은 무엇이든 동물이거나 식물이거나…, 보이는 것이거나 보이지 않는 것이거나…,

존재하는 모든 것은 행복하라(146~147송)". 간절한 마음을 담아 기도합니다.

이 기도문이 담긴 〈자애의 경〉은 남방불교의 예불에서 가장 많이 합송되는 경전입니다. 결혼식과 같은 축하 예식에도 빠짐없이 등장합니다. 부정적인 것을 제거하는 호신주(護身呪)로 받아들이고 있습니다. 호신주는 특별한 그 무엇이 아니라, 내 마음의 탐욕과 분노를 없애고 살아 있는 모든 생명에게 행복을 기도하는 자애의 마음이었습니다.

그런데 외아들을 지키려는 어머니의 마음이 내 아들만 지키겠다는 마음이라면 곤란합니다. 그건 내 자식에 대한 집착에 가깝습니다. 또한 타인에 대한 배타적인 마음으로 작용하기 쉽습니다. 내 자식, 내 식구에 대한 애정은 내 아이와 남의 아이, 우리와 그들을 가르며, 내 나라 사람과 다른 나라 사람을 구분 짓고 차별하도록 만듭니다. 자신을 중심에 두고 내부와 외부를 경계 짓는 이중성의 표현입니다.

연민의 마음이 애착 관계에 있는 사람을 중심으로 작동하고 그렇지 않은 사람에겐 생겨나지 않는 점에 대하여, 미국의 철학자 누스바움은 "그것은 불충분한 연민이며 심지어 위험한 도덕적·사회적 동기가 될 수 있다"라고 경고합니다.

자기 내부의 집단에 대한 애정 이면에, 다른 집단을 터부시하

는 분노와 혐오의 감정이 대중적으로 전염되었을 때 민주주의
가 크게 위협당한다는 사실을 목격한 참담함이 담겨 있습니다.

자비와 연민의 마음은 그 대상을 가리지 않고 사심(私心) 없
이 이루어져야 합니다. 높은 산이나 낮은 산이나 골고루 비추
는 태양과 같이, 자비심은 가깝거나 먼 대상을 구분하지 않습
니다. 나와 관계없는 대상일지라도 평등하고 한량없는 자비의
마음을 일으킵니다.

─

자기완성과 타인 돌봄은 하나다

자애의 마음과 연민의 마음에 '함께 기뻐하는 마음(muditā,
喜)'과 '평정한 마음(upekkhā, 捨)'을 합쳐서 '사무량심(四無量心)'이
라 부릅니다. 초기 불교 수행법의 한 가지입니다. 처음에 수행
자는 자애의 마음을 위와 아래 사방으로 펼쳐서 온 세계를 채
우도록 명상합니다. 다음에는 연민의 마음으로, 그다음에는
함께 기뻐하는 마음으로, 마지막으로는 평정한 마음으로 가득
채웁니다.

이 가운데 마지막 단계인 평정한 마음이 최근 심리치료 영역
에서 주목받고 있습니다. 즐거움도 없고 괴로움도 없는 이 마

음은 나와 남을 구분하지 않는 마음으로 이어지기 때문입니다. 평정한 마음은 자애, 연민, 기쁨이 발현될 때 자기중심적으로 동요하지 않고 차별 없이 평등하게 유지되는 마음의 균형을 가져옵니다. 평정심이야말로 마음의 요소들을 떠받치는 불교적 지혜로써 한량없는 자비심의 원천이라고 할 수 있습니다.

요즘 와서 돌봄의 문제가 사회적 이슈로 부상하고 있습니다. 돌봄으로 인한 고통과 번아웃을 호소하는 사례가 적지 않습니다. 의료진이나 간병인은 물론 가족 간 돌봄에서도 발생하고 있습니다. 사실 타인의 고통을 나누는 일은 쉬운 일이 아닙니다. 자신의 마음을 타인의 고통과 동일시하면, 우리의 몸과 마음도 괴로워지기 쉽습니다. 자신의 한계에 부딪혀 낙담하고 무기력을 느낄 수 있습니다.

전문가들은 이러한 증상을 과도한 공감적 각성 상태로 인한 스트레스로 설명합니다. 내가 지쳐서는 타인을 돌보는 일은 지속할 수 없습니다. 자기만족을 위한 돌봄이나 자기희생을 강요하는 돌봄은 양쪽 모두 균형 잡힌 태도라고 할 수 없습니다.

이 점에서 자비의 마음은 반드시 지혜와 결합되어야 합니다. 타인과 나 자신이 연결되어 있음을 아는 지혜입니다. 즉, 나의 행복은 다른 사람의 행복과 분리될 수 없는 연기적 관계임을 이해하는 것입니다. 지혜에 바탕을 둔 자비심이라야 내적인 믿음과 확신을 갖고 피로감 없이 유지될 수 있습니다.

초기 불교 당시부터 수행자의 자기완성은 타인을 돌보는 일과 무관하지 않았습니다. 부처님께서 병든 비구를 몸소 씻기고 돌봐 주신 일화도 있습니다. 아무도 돌볼 사람 없는 비구가 있다면, 반드시 병자를 돌보아야 한다고 계율로 정하셨습니다.

재가자에게 타인을 돌보는 일은 가족과 사회적 관계를 행복으로 이끄는 도덕적 삶의 기준이었습니다. 타인의 고통을 외면하지 않고 돌보는 일은 수행자와 재가자 모두에게 마음의 평온을 가져옵니다.

돌봄으로 인한 피로감을 느끼신다면, 떠올려 보시기 바랍니다. 타인을 돌보는 일은 그에게도 이롭지만 나에게도 이로운 일, 마음의 평온으로 이어지는 자기완성의 길이라는 사실을요.

"모든 살아 있는 것에 대하여

한량없는 자비의 마음을 닦아라."

"모든 살아 있는 것에 대하여

한량없는 자비의 마음을 닦아라."

존재하는 모든 것이
행복하기를

살아 있는 모든 존재는
땅에 있는 것이거나 허공에 있는 것이거나
그 모든 존재가 행복하기를!
그리고 주의 깊게 이 말을 들어라.

〈보배의 경〉 222

몇 년 전 지구촌 곳곳에서 코로나19로 몸살을 앓았습니다. 무증상 감염이라는 특성을 토대로 코로나19는 지역 전염병 (epidemic)을 넘어 세계적 유행병(pandemic)으로 발전했습니다. 인류사상 초유의 사태였습니다. 학교와 직장이 셧다운 되고, 사람 사이의 거리두기가 일상화되었습니다. 그 무렵에 착용하기 시작한 마스크는 사람들의 필수품이 되었습니다.

코로나의 발생 원인으로 여러 가지 설이 제기되었습니다만, 박쥐의 코로나바이러스가 중간 숙주인 천산갑(pangolin)을 거쳐서 인간에게 전파되었을 것이라는 연구 결과가 있었습니다. 천산갑은 멸종위기에 처한 열대성 야생동물로, 몇몇 국가에서는 약재와 보양식으로 소비되고 있습니다. 사람과 사람으로 옮겨 가는 과정에서 자연 유전자의 재조합으로 전파력과 증상 모두 강력해졌다고 추정합니다.

천산갑의 몸에서 공생하던 바이러스가 마치 무분별한 자연 개발을 경고하려고 인간을 공격하는 바이러스로 재빨리 변신한 것은 아닌지 모르겠습니다. 마구잡이 개발로 그들의 서식지에 발을 들인 것은 인간이기 때문입니다.

부처님은 땅과 나무 안에 수많은 생명이 깃들어 있음을 보시고, 함부로 해치는 일이 없도록 가르쳤습니다. 수행승들이 나무 그늘이나 동굴을 수행처로 삼을 땐 특히 주의하도록 당부하셨습니다. 거기에는 크고 작은 야생동물들이 그곳의 주인으로 이미 살고 있으니까요.

《율장》이나 《앙굿타라니카야》에는 부처님이 나무의 목신이나 뱀의 왕에게 예의를 다했던 일화가 소개되어 있습니다. 수행처 주변에는 뱀이나 전갈 같은 동물도 많았고, 실제로 한 수행승이 뱀에 물려 죽게 된 일도 있었다고 합니다. 이때 부처님은 수행승들을 위한 수호주(守護呪)를 다음과 같이 설해 주셨습니다.

"발 없는 자를 위하여 나의 자애를!

두 발 달린 자를 위하여 나의 자애를!

네 발 달린 자를 위하여 나의 자애를!

많은 발 달린 자를 위하여 나의 자애를!"

자신을 지키고 보호하는 것이 수호주의 목적이었을 터인데, 다른 생명에 대한 자애의 마음을 펼치라고 말씀하십니다. 그러고 나서 "그들이 나를 해치지 않기를, 일체의 뭇 생명은 모두 선하고 슬기로운 것만 보고 일체 악한 것을 만나지 않기를" 기도합니다.

"나는 안전하게 보호되었으니, 모든 존재는 이제 떠날지어다" 이렇게 수호주를 외우도록 했습니다. 나 자신을 안전하게 보호하는 일이 중요하듯이, 다른 존재들의 평안과 안녕 또한 중요합니다. 그들 자신이 안전하게 보호될 때 그들은 인간을 공격하지 않을 것이고, 비로소 나의 안전도 가능합니다.

—

모든 존재와 연결된 자비의 마음

바이샬리(인도 비하르 주에 있는 고대 도시)에 전염병이 퍼졌을 때 부처님이 설하신 수호주도 있습니다. 그 이야기는 리차비족의 수도 바이샬리에 있었던 심한 가뭄으로 인해 시작됩니다. 농작물이 말라 죽고 나무들도 열매를 맺지 못하니, 수많은 사람이 굶어 죽게 되었습니다. 그러자 역병이 돌아 시체들이 거리를 가득 메웠습니다. 바이샬리 사람들은 악취에 시달리며 역병의 공포에 떨어야 했습니다.

죽음의 공포에 휩싸이자 도시에는 "신들이 떠나가고, 악귀가 마을을 점령했다"라는 흉흉한 소문이 돌았습니다. 이제 사람들은 악귀의 공포까지 시달려야 했습니다. 이러한 환란을 물리치기 위해 리차비족의 왕은 궁리 끝에 부처님에게 도움을 청하기로 합니다.

그리하여 부처님이 5백 명의 비구들을 데리고 바이샬리로 향했습니다. 갠지스강을 건너자 기다렸다는 듯이 천둥 번개가 치더니 폭우가 쏟아져 내렸습니다. 그 순간 사람들은 놀라움을 감추지 못하고 부처님과 그 일행을 향해 절을 올렸습니다. 부처님의 일행이 강가에서 바이샬리에 이르는 사흘 동안 빗줄기는 줄기차게 쏟아진 뒤에 그쳤습니다. 단비에 기운을 차린 백성들은 거리에 쌓인 시체들을 치우는 일에 나섰습니다.

성문 앞에 도착한 부처님은 발우에 깨끗한 물을 담아서 성 주변과 거리마다 뿌리면서 게송을 읊으셨습니다. 오백 명의 비구와 함께 왕자와 대신들도 따라 읊으며 거리를 돌았습니

다. 마을 사람도 뒤따르며 게송을 외우니, 염송하는 소리가 도
시 전체에 가득했습니다. 이렇게 7일을 계속하자 질병으로 죽
는 사람이 발생하지 않게 되었습니다. 그때 읊었던 게송들이
바로 이것입니다.

**"살아 있는 모든 존재는 땅에 있는 것이거나 허공에 있는 것이거나
그 모든 존재가 행복하기를!"**

전염병의 위기 상황이 진정된 것은 때마침 쏟아진 폭우 덕분
이었겠지요. 부처님이 성에서 하신 일도 깨끗한 물로 거리를
정화하는 일이었습니다. 거기에다 수호주의 게송을 따라 읊도
록 하셨는데, 그때의 게송들이 〈보배의 경〉에 담겨 있습니다.
경전의 내용 또한 "인간과 모든 존재를 향해 자애를 베풀
라"라는 것이었습니다. 〈보배의 경〉, 〈큰 축복의 경〉, 〈자애의
경〉은 남방불교 국가에서 자주 염송하는 3대 수호주에 손꼽힙
니다. 세 가지 모두가 《숫타니파타》에 들어 있다니, 참 놀라운
일입니다.
살펴본 대로 자비의 마음은 해로운 동물들에 대한 두려움에
서 자신을 보호하고, 그들의 공격을 피하기 위한 것이었습니
다. 동물이나 식물은 물론 보이지 않는 모든 것으로부터 인간

을 안전하게 지키기 위한 것입니다.

인간의 생존은 자연의 다른 존재들에 의존할 수밖에 없으며, 다른 존재들을 돌보는 일은 곧 나를 포함한 모두의 안전을 지키는 일이 됩니다. 이러한 불교적 태도는 자연과 인간을 바라보는 바람직한 관점을 제공합니다. 자연에 대한 인간의 지배를 인정하되 함부로 해치거나 살생해서는 안 된다는 것, 인간과 자연의 상호의존성에 대한 자각이 인간의 안전을 보장한다는 의미입니다.

코로나 팬데믹은 무절제한 인간의 욕망에서 비롯한 재앙이었습니다. 야생동물의 서식지를 개발이라는 이름으로 침범해 왔기 때문입니다. 자연의 회복 가능성을 넘어서도록 인간의 욕망이 질주해 왔기 때문입니다. 세계화의 질주로 지구 전체가 몸살을 앓았습니다.

자연 파괴야말로 전 인류의 생존과 직결된 치명적인 문제라고 경고하는 목소리가 높습니다. 끊임없는 성장 추구와 소비적 삶의 행태로 우리의 자연은 병들어 왔습니다. 물, 흙, 공기와 같은 자연환경이 건강해야 인간의 삶도 건강합니다. 인간이 자연의 일부라는 사실을 이해하지 않으면 이 문제는 풀릴 수 없습니다. 뭇 생명이 함께 하는 인간의 삶으로 조속히 변화해야 할 것입니다. 내일로 미루면 늦을 수도 있습니다.

"살아 있는 모든 존재는

땅에 있는 것이거나 허공에 있는 것이거나

그 모든 존재가 행복하기를!"

"살아 있는 모든 존재는

땅에 있는 것이거나 허공에 있는 것이거나

그 모든 존재가 행복하기를!"

오늘이 이생의
마지막 하루인 것처럼

❀

과거의 것을 말려 버려라.
미래의 것은 아무것도 없게 하라.
현재에도 집착하지 않는다면,
그대는 평온하게 유행하리니.

〈자투칸니의 질문〉 1099

나이가 들면 모두 지혜로워지는 줄 알았습니다. 인생을 살면서 보고 배운 것이 삶의 지혜로 익어 갈 것이라고 생각했습니다. 막상 나이가 들고 보니 꼭 그런 것은 아니더군요. 이건 이래서 안 되고, 저건 저래서 안 되고, '안 되는 일' 투성이입니다.

모르는 사이에 걱정 많고 두려움 많은 사람이 되어 버렸습니다. 안전함을 최우선으로 삼는 소심한 사람으로 굳어 가는 느낌입니다. 새로운 경험보다는 익숙한 것의 반복을 원하고, 모든 것이 있던 자리에 놓여 있어야만 직성이 풀리는 것 같습니다.

옛것들을 모두 좋아하는 것은 아닙니다. 후회스러운 일도 많습니다. 혼자 길을 걷거나 집안일을 하다 보면 언제나 나의 생각은 몇 가지 일들의 언저리를 배회합니다. 자신에 대한 후회와 타인에 대한 원망 섞인 마음이 고장 난 레코드처럼 반복됩니다. 좋았던 기억도 많았을 테지만, 좋지 않았던 일을 더 잘 떠올리는 게 기억의 습성인가 봅니다.

얼마 전 아흔이 된 할머니가 '내 인생은 억울해'라고 말씀하더라는 이야기를 들었습니다. 한평생 지나왔던 시간을 마지막으로 돌아보는 시간, 나는 과연 어떤 생각을 하게 될지 벌써부터 걱정입니다. 후회한다고 달라지는 것은 없습니다. 그래서 결심했습니다. 억울함 없이 살고 하고 싶은 일은 미뤄두지 않기로요. 할까 말까 망설이는 일은 일단 해 보기로 말이지요.

지금 하려고 하는 일이 어떤 결과를 가져오리라 성급하게 기대하지는 마십시오. 그냥 이 순간에 할 수 있는 일을 해 보십시오. 기대감이 지나치면 원하는 결과가 나타나지 않을 때 마음이 괴롭습니다. 강하게 원할수록 괴로움은 더 커지기 마련입니다. 원하는 결과가 나타나더라도 너무 좋아하지 마십시오. 언젠가 사라질 수 있으니까요. 성공과 실패, 그 어느 쪽이라 하더라도 당신에겐 소중한 시간이었고 귀한 경험들입니다. 어디에도 묶이지 않은 마음이라야 평온합니다.

《숫타니파타》의 마지막 장인 〈피안으로 가는 길의 장〉에는 온전한 평온으로 가는 길에 관한 이야기가 모여 있습니다. 이쪽 언덕에서 저쪽 언덕으로 건너가는 길이라는 뜻이지요. 〈피안으로 가는 길의 장〉은 《숫타니파타》에서도 가장 오래된 경전으로 추정됩니다. 거기에는 여러 사람의 질문과 부처님의 답변이 18개의 작은 경전 속에 담겨 있습니다. 그중 하나에 학인 자투칸니가 부처님께 드리는 질문도 다음과 같이 실려 있습니다.

"모든 것을 아시는 분이시여, 평온의 경지를 말씀해 주십시오. 존귀한 분이시여, 이것을 있는 그대로 저에게 말씀해 주십시오."

그래서 부처님께서 설하신 법문이 바로 이것입니다.

"자투칸니여, 감각적 쾌락에 대한 탐욕을 몰아내시오. 보고 나서 취할 것도 없고 버릴 것도 없어야 온전한 출가자의 평온이라오. 과거의 것을 말려버리시오. 미래의 것은 아무것도 없게 하시오. 현재에도 집착하지 않는다면, 그대는 평온하게 유행할 것이오."

즐거움이나 괴로움을 모두 버리고, 취할 것도 버릴 것도 없는 마음이 평온입니다. 과거의 모든 욕망과 번뇌를 끊어 버린 자, 미래에 태어날 것에 대한 어떤 욕망도 남김없이 끊어 버린 자에게 온전한 마음의 평온이 있습니다. 그는 현재의 순간에도 집착하는 마음을 일으키지 않습니다. 과거, 현재, 미래의 순간 그 어디에도 집착하는 마음이 없습니다. 이것이 수행자에게 말씀하신 궁극의 경지, 즉 지혜의 완성입니다.

─

'지금 여기'를 온전히 살아가기

지혜의 완성을 바라밀(pāramitā)이라고 합니다. 한자로는 도피안(度彼岸), '피안으로 건너가다'라는 뜻입니다. 깨달음의 완전한 행복을 의미합니다.

피안으로 가는 길에서는 그곳에 가려는 마음에도 붙들리지 않아야 합니다. 그것 역시 또 하나의 바람이요 욕망이기 때문입니다. 피안의 세계로 가려는 마음이 강하면 강할수록 아이러니하게도 평온한 마음에 이를 수 없습니다. 구도(求道)를 향한 더 깊은 욕망에 얽매이게 됩니다. 그 어떤 마음에도 의지하지 않아야 진정한 마음의 평온이 있습니다.

그리고 저쪽 언덕 피안의 세계는 다시 이쪽 언덕 차안의 세계로 돌아와야 합니다. 피안의 종착지는 깨달음의 저쪽 세계가 아닙니다. 부처님의 명호인 타타가타(tathāgata)를 '그렇게 가신 분(tathā-gata)'이라는 여거(如去)와 함께 '그렇게 오신 분

(tathā-āgata)'이라는 여래(如來)로 해석하듯이, 피안으로 가는 길
은 차안으로 돌아오는 길이어야 합니다. 지금 여기의 행복을
말할 수 있어야 합니다.

세속 생활을 하는 재가자의 경우라면 이 구절을 어떻게 받아
들일 수 있을까요? 세속적 성공과 욕망을 추구하는 삶 자체가
문제인 것은 아닙니다. 부지런히 노력하여 성취하고, 얻게 된
결과를 타인과 나누는 것은 진정한 행복입니다. 그런데 그 마
음이 지나쳐서 세상의 성공과 명예에 집착하면 욕망의 수렁에
서 헤어날 길이 없습니다. 그러니 "벗어나라, 벗어나라" 틈만 나
면 벗어나라고 말씀하셨습니다. 기승전 "벗어나라"입니다.

이 가르침을 듣고 마음에 새기는 일은 좋은 일입니다. 하지
만 그 마음이 지나칠 때 문제는 또 발생합니다. 현실적 욕망의
이 세상에서 벗어나 저쪽 세상에 가겠다는 생각이 너무 강해
지면 현실 생활을 제대로 영위하기 어렵습니다. 저쪽 세상을
향한 강한 집착이 우리의 마음을 또다시 묶여 버린 것입니다.

벗어나고 싶다는 마음에 묶여 있어서는 자유로운 마음이 될
수 없습니다. 그 마음에서도 "풀려나야" 합니다. 그것이 진정
한 해탈의 길입니다. 그리고 지금 여기의 일을 있는 그대로 볼
수 있어야 합니다. 따라서 우리가 행복에 이르는 길에는 몇 가
지 방법이 필요합니다.

첫째, 현재의 순간에 집중하십시오. 많은 사람이 행복하게 살고 싶다는 미래에 대한 바람으로, 후회스러운 과거에 대한 회한으로 현재의 시간을 놓쳐 버립니다. 잠시 잠깐 딴생각을 하는 사이에도 이 순간은 흘러갑니다. 지나간 것에 붙들려 살지 말고, 다가올 것에 매달려 살지 말아야 합니다.

둘째, 행복에는 연습이 필요합니다. 한걸음에 행복의 문 앞에 닿을 수는 없습니다. 나에게 이로운 것은 챙기고, 이롭지 않은 것은 버려야 합니다. 좋은 습관은 그 싹이 자라도록 하고, 좋지 않은 습관은 몸에 배지 않도록 해야 합니다. 유쾌하지 않은 생각들을 그때그때 버리는 것이 좋습니다. 쓸모없는 감정의 찌꺼기들은 기억의 저편으로 날려 버리는 연습을 해 보십시오.

셋째, 무엇을 해야 하나 고민하지 마십시오. 고민하는 데 너무 많은 시간을 쓰지 마세요. 일단 할 수 있는 것부터 작게라도 시작하세요. 너무 늦었다고 걱정하지 마세요. 지금 시작할 수 있어 얼마나 다행입니까. 나중에도 이 상태라면 얼마나 또 후회하겠습니까. 이른 아침에 매일 108배 하기, 5분이나 10분간의 짧은 명상, 아니라면 정해진 시간에 동네 한 바퀴 산보하는 것도 좋습니다. 금방 달라지지 않지만, 시간이 지날수록 몸과 마음에 변화가 생겨납니다.

넷째, 행복에는 정답이 없습니다. 자신이 가는 길을 그대로 믿어 보세요. 행복할 수 없어서 괴로움에 빠져 있다면 행복하고 싶다는 그 '생각'에 빠져서 괴로운 것은 아닌지 돌아보세요. 남들보다 빠른 길을 찾고 싶어서 괴로운 것은 아닌지 물어보세요. 행복에 정답도 없지만, 지름길도 없답니다. 우리는 지나치게 빠른 해결을 원해서 문제입니다. 당장 손에 넣을 수 있는 것을 찾느라, 주변의 다른 것을 보지 못합니다.

2011년 스탠퍼드 대학의 졸업식 축사에서 스티브 잡스는 매일 아침 거울을 보며, "오늘이 내 인생의 마지막 날이라면 지금 하려고 하는 일을 할 것인가?"를 질문한다고 말했습니다. 여러분에게 남겨진 시간이 단 하루라면, 여러분은 무엇을 하시겠습니까?

우리에게 주어진 시간은 한정되어 있습니다. 다른 사람의 인생을 살면서 자신의 삶을 허비하지 말아야 합니다. 오늘이 내 인생의 마지막 하루인 것처럼 살고 계시길 바랍니다. 이 시간이 가고 나면 오늘은 다시 돌아오지 않습니다. 후회할 시간이 없을지도 모릅니다.

"현재에도 집착하지 않는다면,

그대는 평온하게 유행하리니."

"현재에도 집착하지 않는다면,

그대는 평온하게 유행하리니."

불안과 근심에서 벗어나
평온으로 가는 길

지난여름, 굵은 비가 내리고 맑게 갠 어느 날 오후였습니다. 유노책주 출판사의 이지윤 대리를 처음 만났습니다. 불교와 관련된 도서를 기획 중이라는 이야기를 들었고, 자연스럽게 《숫타니파타》에 대한 대화로 이어졌습니다.

저에 대해서는 《인문학 독자를 위한 금강경》을 통해 알게 되었다고 했습니다. 부족한 제 글이 세상에 나가 누군가와 만나고, 또 다른 인연으로 돌아온다는 것을 실감한 순간이었습니다. 불교 이야기를 통해 어떻게 세상과 소통할 수 있을까 고민하며 답답함을 느끼던 저에게 그날의 만남은 마치 시원한 소나기가 내린 뒤 맑게 갠 하늘처럼 다가왔습니다.

본격적으로 원고 집필에 들어간 겨울부터는 거의《숫타니파타》와 함께 살았다고 해도 과언이 아닙니다. 어디 나갈 생각을 하지 못했고, 나가서도《숫타니파타》와 관련한 생각을 놓지 못했습니다. 다른 생각을 할 여지가 전혀 없었습니다. 그러는 사이에 제 안에 있던 불안, 근심, 걱정이 사라진 것을 알 수 있었습니다. 나이가 들면서 알게 모르게 제 마음을 잠식해 오던 것들로부터 해방되는 경험이었습니다.

'《숫타니파타》에서 부처님 말씀은 무슨 의미였을까', '나는 그것을 어떻게 설명할 수 있을까'에 오롯이 매달리며 힘겨운 시간을 보내야 했지만, 마음만큼은 평온했습니다. 그 경험을 여기《숫타니파타 마음공부》에 담았습니다. 썼다가 지우고, 지웠다가 다시 쓰며 남겨진 말들을 담았습니다. 세상 어딘가에 닿아서 누군가의 마음에 위로가 되고 힘이 될 수 있기를 바라는 마음이 간절합니다.

지금까지 제가 불교 공부를 계속해 올 수 있도록 인연을 맺어 주신 많은 분께 감사의 말을 전하고 싶습니다. 이 책이 만들어지기까지 애써 주신 유노책주 출판사 관계자분들에게도 감사의 마음을 전합니다.

특히 이지윤 대리는 자신의 원고처럼 꼼꼼하게 살펴 주었고,

현대사회를 살아가는 우리에게 《숫타니파타》가 어떤 가르침을 줄 수 있는가를 조목조목 질문해 주었습니다. 출판사 관계자 여러분의 노고가 없었더라면 《숫타니파타 마음공부》는 지금의 모습으로 세상에 나오기 어려웠을 것입니다.

그리고 겨울 내내 꼼짝달싹 못하는 저를 지켜보았던 가족들에게 감사의 마음을 전합니다. 남편은 새벽마다 일어나서 부스럭대는 소리를 말없이 견뎌 주었습니다.

딸 지영이와 아들 기훈이는 어떤 내용을 쓰느냐, 얼마만큼 썼느냐, 깊은 관심과 응원의 말을 아끼지 않았습니다. 고맙고, 감사하다는 말을 이 자리를 빌려 전하고 싶습니다.

《숫타니파타》를 바라보는 저의 이야기가 세상 사람들의 마음에 다가가서 이런 말을 건넬 수 있었으면 합니다. "괜찮아요, 다들 그렇게 겪는걸요." 그리고 《숫타니파타》에 쓰인 부처님 말씀들을 기억해 보았으면 합니다. 한 구절 한 구절마다 새겨진, 나 자신과 세상을 바라보는 진실한 지혜의 말들을 떠올려 보시길 바랍니다.

참고문헌

· 《담마빠다》, 김서리 역주, 소명출판, 2013.
· 《빠알리 원전 번역- 담마빠다》, 일아 역, 불광출판사, 2014.
· 《빠알리 원전 번역- 숫따니빠따》, 일아 역, 불광출판사, 2015.
· 《비나야삐따까》, 전재성 역주, 한국빠알리성전협회, 2020.
· 《숫타니파타》, 법정 역, 도서출판 이레, 1999.
· 《숫따니빠따》, 이중표 역, 불광출판사, 2023.
· 《숫타니파타를 읽는 즐거움》, 보경, 민족사, 2013.
· 《앙굿타라니카야》, 대림 역, 초기불전연구원, 2006.
· 《쿳다까니카야(小部阿含) 숫타니파타》, 전재성 역주, 한국빠알리성전협회, 2004.
· 《감정의 격동-연민》, 마사 누스바움, 조형준 역, 새물결출판사, 2015.
· 《경전의 성립과 전개》, 미즈노 고겐, 이미령 역, 시공사, 1996.
· 《곰브리치의 불교 강의》, 리처드 곰브리치, 송남주 역, 불광출판사, 2022.
· 《달라이 라마의 종교를 넘어》, 달라이 라마, 이현 역, 김영사, 2013.
· 《보살핌의 경제학》, 달라이 라마·타니아 싱어 외, 구미화 역, 나무의 마음, 2019.
· 《보살핌의 인문학》, 달라이 라마·타니아 싱어 외, 이창신 역, 김영사, 2019.
· 《붓다브레인》, 릭 핸슨·리처드 멘디우스, 장현갑·장주영 역, 불광출판사, 2017.
· 《싯다르타》, 헤르만 헤세, 박병덕 역, 민음사, 2002.
· 《이타심, 자신과 세상을 바꾸는 위대한 힘》, 미티유 리카르, 이희수 역, 하루헌, 2019.
· 《죽음, 삶의 끝인가 새로운 시작인가》, 정준영·안성두 외, 운주사, 2011.
· 《최초의 불교는 어떠했을까》, 나카무라 하지메, 원영 역, 문예출판사, 2016.
· 《치유하는 불교읽기》, 서광, 불광출판사, 2012.
· 《타인에 대한 연민》, 마사 누스바움, 임현경 역, 알에이치코리아, 2020.
· 《티베트 사자의 서》, 빠드마쌈바와, 중암 선혜 역주, 불광출판사, 2020.
· 《행복의 경제학》, 헬레나 노르베리 호지, 김영욱·홍승아 역, 중앙북스, 2012.
· 《행복의 기원-인간의 행복은 어디서 오는가》, 서은국, 21세기북스, 2024.
· 《행복, 채움으로 얻는가 비움으로 얻는가》, 미산·최연철 외, 운주사, 2010.
· 《헤르만 헤세의 노년과 죽음에 대한 단상, 머지않아 우리는 먼지가 되리니》, 홍성광, 사유와 공감, 2010.

복잡한 마음이 홀가분해지는 부처의 지혜

숫타니파타 마음공부

© 김성옥 2025

인쇄일 2025년 4월 11일
발행일 2025년 4월 18일

지은이 김성옥
펴낸이 유경민 노종한
책임편집 이지윤
기획편집 유노책주 김세민 이지윤 **유노북스** 이현정 조혜진 권혜지 정현석 **유노라이프** 구혜진
기획마케팅 1팀 우현권 이상운 **2팀** 이선영 최예은 전예원 김민선
디자인 남다희 홍진기 허정수
기획관리 차은영
펴낸곳 유노콘텐츠그룹 주식회사
법인등록번호 110111-8138128
주소 서울시 마포구 월드컵로20길 5, 4층
전화 02-323-7763 **팩스** 02-323-7764 **이메일** info@uknowbooks.com

ISBN 979-11-7183-098-5 (03220)